KB116274

알기 쉬운 연극치료 시리즈 **3**

연극치료,
몸으로 마음을 돌보다

정소라 저

학지사

시리즈 발간사

2005년 연극이 치유 기능을 가지고 있다는 믿음을 확산하기 위하여 문화체육관광부 산하 사단법인 연극치료협회가 창립되었습니다. 이후 활발하게 활동한 이래 임상과 연구 두 분야에 걸쳐 지식과 실력을 갖춘 전문가들이 양성되었고, 이들을 주축으로 한국 연극치료학 연구의 심화가 이루어졌습니다. 그 결과, 한국연극예술치료학회지는 그 알찬 내용을 인정받아 한국연구재단 등재지로서의 위상을 확립하였습니다. 특히 자랑스러운 것은 이 모든 발전이 우리 문화와 전통을 바탕으로 이루어졌다는 사실입니다. 이제 우리의 토양 위에서 이루어진 연극치료 이론이 세계를 향해 나아갈 준비가 되었습니다.

이 시리즈는 그 첫 결실로, 연극치료를 통하여 우리 사회의 건강과 행복을 도모하고자 기획한 것입니다. 각 저자는 연극치료와 관련된 여러 분야의 전문가로서, 스스로 경험한 내용을 독자들이 쉽고 편하게 읽고 이해하여 일상에 접목할 수 있도록 하였습니다.

이 시리즈의 출판을 흔쾌히 맡아 주신 학지사 김진환 사장님

께 감사드립니다. 처음부터 연극치료에 지대한 관심을 가지고
아낌없이 지원해 주신 덕분에 연극치료가 이만큼 성장할 수 있
었습니다.

   앞으로도 계속 연극치료 연구와 실제 활동 내용을 발표하면서
독자 여러분과 만날 것을 약속드립니다.

                                        한국연극예술치료학회
                                        박미리

머리말

　우리는 모두 '몸'을 갖고 살고 있습니다. 그렇다 보니 몸과 관련된 이야기는 또 얼마나 많은지 모릅니다. 그중에서도 몸과 마음이 연결되어 있으며 몸이 건강하려면 마음도 건강해야 한다는 말은 이제 당연한 이야기처럼 들립니다. 그런데 몸과 마음이 어떻게 연결되어 있는지, 몸을 통해 마음을 치유하고 마음을 통해 몸을 치유하는 것이 무엇인지에 대해서는 각자의 이야기가 다릅니다. 저는 몸과 마음, 상호 돌봄의 이야기를 제가 사랑하는 연극치료의 장(場) 안에서 풀어내려 합니다.

　배우의 몸은 상상과 현실이 만나는 장소라고 합니다. 눈에 보이지 않는 배역의 내면을 배우의 몸을 통해 보이게 만들기 때문입니다. 그래서 몸은 극적 현실과 실제 현실을 함께 보여 주며 시간, 공간, 관계, 감정, 생각을 표현하기도 합니다. 또한 우리는 몸을 통해 만나고 교감하고 연결되기도 합니다. 몸의 변화를 통해 인생의 변화를 경험하거나 인생의 변화가 몸의 변화로 고스란히 나타나기도 합니다. 이렇듯 몸이란 흥미로운 것입니다. 특히 연극치료의 장에서 펼쳐지는 몸의 이야기는 늘 흥미로우며 또 놀라왔습니다. 이제 제가 경험했던 그 이야기를 독자분들과 함께 나눌 수 있게 되어서 참 기쁩니다.

이 이야기는 사춘기 시절, 몸을 잃어버렸던 제 이야기로 시작합니다. 20년 동안 건강을 잃어버렸다가 회복한 어머니의 이야기로 이어지고, 투병 이후 건강을 회복하고 새로운 인생을 살고 있는 참여자들의 실제 작업 이야기로 마무리됩니다. 이 과정에서 적용된 연극치료의 치유 원리에 대해 정리했습니다. 이 책을 읽어 가며 독자분들이 몸과 마음을 돌본다는 것이 무엇인지 각자의 정의를 발견하게 되기를 바랍니다. 우리는 모두 '몸'을 갖고 살고 있습니다. 이제 그 '몸의 이야기'에 귀 기울여 주시면 좋겠습니다.

저자 정소라

프롤로그

나, 연극치료사

나는 연극치료사로 살고 있다. 이 일이 좋고 계속 하고 싶은 이유는 이 일을 통해 나부터 건강해졌기 때문이다. 연극치료 참여자에게 늘 하는 말이 있다.

🎭＿＿＿"사람은 쉽게 변하지 않죠. 하지만 변합니다. 저도 10년이 걸렸어요. 기다리고 노력하면 사람은 변할 수 있습니다."

누구에게나 변화의 계기가 있고 촉매제가 있으며 자신을 치유하는 방식이 있다. 내가 연극치료를 경험하면서 변화의 계기, 촉매제, 고유한 치유 방식을 스스로 찾을 수 있었던 이유는 연극에는 눈에 보이는 것과 보이지 않는 것을 연결하는 힘이 있기 때문이다.

고등학교 때 2개의 동아리에서 활동하였다. 연극반과 단전호흡반이었다. 생뚱맞은 조합처럼 보이지만 공통점을 생각해 보면

'몸'을 통해 '눈에 보이지 않는 것'을 담아내려는 노력이 아니었을까? 처음 연극에 관심을 가졌던 이유는 관객이 무대 위의 나를 봐준다는 점 때문이었다. 하지만 훗날 "너는 왜 연극을 해?"라고 누군가 물었을 때, 내가 했던 대답은 "무대 위, 연습 과정에서의 에너지가 좋다. 눈에 보이지 않는 감정과 기운이 무대와 객석 공간, 나와 상대 배우 사이, 나와 관객 사이를 가득 채우는 것이 좋다."였다. 내게 연극이란 에너지, 감정, 기운처럼 보이지 않는 것을 무대, 나의 몸, 상대방의 몸처럼 보이는 것으로 드러내는 일이었다.

대학교 1학년 여름, 동기들과 함께 준비한 공연 연습 때, 나는 처음으로 눈에 보이지 않는 에너지를 눈에 보이는 형태로 경험하였다. 연극에 대해 아무것도 모를 때이고 맡은 배역은 단역이었다. 하지만 밤이 깊어지면서 연습에 대한 몰입이 깊어지고 어느새 소극장을 가득 채우는 오렌지빛의 에너지가 눈에 보였다. 동기들의 대사 리듬이 느껴지고 단역의 대사 몇 마디로 그 리듬을 따라갈 때, 연극이 살아 있는 유기체라는 생각이 들었다. '한 공간에서 함께 연기하는 모두의 호흡과 에너지가 어우러져 공연이라는 예술이 탄생하는구나.' 그때부터 나는 연극을 사랑하게 되었다.

그런데 연극을 사랑하면서도 나는 오랫동안 연극을 하지 못하였다. 한동안 머릿속 생각을 몸으로 표현하지 못하고 몸과 분리된 채 관념의 세상을 헤맸기 때문이다. 시·공간의 지각마저 약해질 정도로 관념의 세상은 힘이 셌고 나의 일상을 장악하였다.

연극과 멀어진 채 오래 헤매던 나는 연극치료를 만나면서 비로소 조금씩 '몸'을 되찾기 시작하였다. 잃어버린 현실 감각을 되찾는 데 몸의 감각을 되찾는 것은 필수 요소였다. 마침내 연극치료를 만난 지 5~6년이 지나 땅을 딛고 서 있는 두 발의 감각을 명확히 되찾은 날, 나는 그날을 인생의 기념일로 삼기로 했다.

그날 이후 나는 조금씩 더 몸과 친해지고 몸을 알아채고 몸과 소통하고 몸으로 마음을 표현하고 있다. 또한 사람과 사람의 만남이 몸을 통한 만남이라는 말의 의미를 몸으로 체득하고 있다.

나는 몸과 마음의 연결, 몸과 세상의 연결에 대해 오래 고민하고 치료 작업을 행하며 노력하였다. 그 결과, 연극치료를 통해서 나는 오랫동안 잃어버렸던 내 몸과 다시 연결되었고 몸이 말하고 있던 진짜 내 마음을 알게 되었다. 다른 사람과 몸을 통해 만나고 다른 사람의 몸과 마음의 이야기도 귀 기울여 듣게 되었다. 그리고 관념의 세상이 아닌, 서로 간의 호흡과 생생한 에너지가 살아 숨 쉬는 세상, 즉 대학교 1학년 여름에 경험했던 그 세상을 다시 만났다. 나는 다시 세상과 연결되었다.

🎭____"몸과 마음의 연결, 나아가 세상과의 연결.

이것이 내가 연극치료사로 살고 있는 이유이다."

차례

* 시리즈 발간사 _ 3
* 머리말 _ 5
* 프롤로그 _ 7

제1부 만나기
몸과 마음은 어떻게 연결되어 있을까

제1장 몸을 다시 찾는 연극치료 여정 · 19

1. 몸을 잃어버리다 _ 20
2. 몸으로 연결된 울타리에서 처음 말하다 _ 23
3. 몸으로 연결된 황홀경에서 처음 만나다 _ 26

제2장 회복을 위한 몸과 마음의 돌봄 · 29

1. 건강을 잃어버리다 _ 30
2. 호흡으로 고통을 줄이다 _ 33
3. 소리를 내어 감정을 뱉어 내다 _ 35
4. 어깨를 펴고 배에 힘주어 단단하게 서다 _ 38
5. 나부터 돌보다 _ 41
6. 다시 찾은 몸과 마음의 건강 _ 45

제2부 이해하기
연극치료에서 몸을 이해하는 방식

 제3장 몸으로 만나기 · 53

1. 집단 구성원과의 만남 _ 54
2. 치료사와 참여자의 만남 _ 56
3. 실습 프로그램: 거울 놀이 _ 59
    1) 거울 놀이 프로그램 _ 60
    2) 거울 놀이 예시 _ 61

 제4장 몸 깨우기 · 65

1. 환경과 몸의 주고받음 _ 66
2. 치료는 몸의 자각에서부터 _ 69
3. 실습 프로그램: 4계절 움직임 놀이 _ 72
    1) 4계절 움직임 놀이 프로그램 _ 73
    2) 4계절 움직임 놀이 예시 _ 74

 제5장 몸 알아채기 · 81

1. 나의 몸과 대화하기 _ 82
2. 몸이 말하는 진짜 감정 _ 85
3. 실습 프로그램: 다양한 걷기 _ 89
    1) 다양한 걷기 프로그램 _ 90
    2) 다양한 걷기 예시 _ 91

제6장 **몸으로 역할 표현하기 · 95**

1. 몸에 새겨진 삶의 흔적 _ 96
2. 극적 인물과 소통하기 _ 100
3. 실습 프로그램: 이야기 역할 경험 _ 102
    1) 이야기 역할 경험 〈선녀와 나무꾼〉 프로그램 _ 103
    2) 이야기 역할 경험 예시 _ 104

제7장 **몸의 표현 바꾸기 · 107**

1. 새로운 몸의 표현 경험하기 _ 108
2. 역할의 힘, 몸으로 흡수하기 _ 112
3. 실습 프로그램: 창작 캐릭터 즉흥극 _ 115
    1) 창작 캐릭터 즉흥극 프로그램 _ 116
    2) 창작 캐릭터 즉흥극 예시 _ 117
4. 몸의 이야기 바꾸기 _ 123

제3부 경험하기
질병에서 회복까지, 새로운 인생을 위한 연극치료

제8장 **질병에서 살아남은 사람들 · 129**

1. 병이 우리에게 건네는 메시지 _ 130
2. 질병에서 살아남은 사람들, 그 이후를 위한 연극치료 _ 133

제9장 **역병과 나의 관계: <처용 설화> · 139**

1. 〈처용 설화〉에 담겨 있는 치유의 힘 _ 141

　　　1) 〈처용 설화〉 분석 _ 141
　　　2) 실습 프로그램 소개 _ 145
　　2. 역신을 물리친 나의 힘 _ 148
　　　1) 참여자 소개 _ 148
　　　2) 나의 처용무 _ 148
　　　3) 〈처용 설화〉 즉흥극 _ 149
　　　4) 역신을 물리친 힘 찾기 _ 155
　　　5) 나의 처용 가면 _ 157
　　　6) 역신을 물리친 힘 흡수하기 _ 159
　　3. 더 단단해진 나, 모든 존재와 연결된 나 _ 160

제10장 질병을 넘어서: 전체 인생 돌아보기 · 163

　　1. 일상 사건, 인생 사건 _ 165
　　　1) 실습 프로그램 소개 _ 167
　　2. 꽃과 낙엽이 함께하는 나의 인생 _ 170
　　　1) 참여자 소개 _ 170
　　　2) 일상 사건 재현하기 _ 170
　　　3) 과거 인생 그래프 그리기 _ 172
　　　4) 인생 기념비 세우기 _ 173
　　　5) 일상 사건, 인생 사건의 공통점 찾기 _ 176
　　　6) 미래 그래프 그리기 _ 177
　　3. 인생의 굴곡 넘어, 사랑은 그대로 _ 179

* 에필로그 _ 182
* 참고문헌 _ 185
* 찾아보기 _ 188

만나기

몸과 마음은 어떻게 연결되어 있을까

몸과 마음은 어떻게 연결되어 있을까

제1부 '만나기'에서는 연극치료를 통해 몸과 마음의 회복을 경험한 나와 어머니의 실제 사례를 통해 연극치료의 치유적 힘에 대해 말한다.

제1장 '몸을 다시 찾는 연극치료 여정'에서는 몸과 연결되지 못하고 관념의 세상을 헤맸던 내가 연극치료를 배우고 경험하기 시작하면서 어떻게 몸을 재발견하고 몸과 마음을 연결하며 몸을 통해 마음을 치유하게 되었는지 설명한다.

제2장 '회복을 위한 몸과 마음의 돌봄'에서는 암 환자로 오래 투병하셨던 어머니를 연극치료사로서 어떻게 도울 수 있었는지에 대해 이야기하면서, 투병 과정과 회복 이후에 이르기까지 함께 고민하고 노력했던 과정을 설명한다.

이 사례들을 통해 연극치료에서 몸을 어떻게 이해하고 치료적으로 접근하는지에 대해 생생하게 마주하기를 바란다.

제 1 장

몸을 다시 찾는 연극치료 여정

1 몸을 잃어버리다

언제부터 몸과 연결된 감각을 잃었는지 잘 기억나지 않는다. 어릴 적에 산으로 바다로 활발하게 뛰어놀기 좋아했던 아이는 어느 날 학교 의자에 붙들린 듯 거의 움직이지 않으며 집에 돌아오면 방문을 걸어 잠그고 침대에 누워 내면으로 침잠하는 청소년이 되어 있었다. 머릿속에서는 무수한 생각이 솟아났다 사라졌고 생각에 뒤이은 감정은 말이 되어 새어 나오지 못한 채 때로는 우울한 표정으로, 때로는 차가운 눈빛으로, 때로는 경계하는 기운으로 드러났을 뿐이다.

아동에서 청소년으로 바뀌는 시기에 나는 집단에서 배척당했고 이유도 모른 채 어느새 '재수 없는' '전교생이 싫어하는' 친구가 되어 있었다. 집단과 사람에 대한 불신이 시작되었고 눈에 보이지 않는 세계로 날아가 그곳에 안전하면서도 불안한 둥지를 틀기 시작하였다. 훗날 돌아보니 당시 나는 강박증, 해리 증상과 같은 병적 징후가 있었고, 내 몸과 마음의 상태에 대해 제대로 인식하지 못한 채 홀로 고통스러워하고 있었다.

가슴속에 눅진하게 가라앉아 굳어 버린 상처는 성인이 된 이후에도 영향을 미쳤다. 나의 20대 시절은 현실에 적응하려는 다양한 시도가 출렁이는 파도처럼 불안정하게 지속되었다. 이 불안정함은 잔뜩 긴장한 어깨와 목, 느리고 무거운 발걸음이라는 형태로 몸에서부터 여실하게 드러났다.

하지만 여전히 몸에서 그 단서를 찾지 못했고 무수한 관념을 헤치고 다니며 내면 세상에서 힘겹게 터널 끝의 빛을 찾기 위해 애를 썼다. 이제 와 돌아보면 그 과정도 의미가 있다. 지나치게 몸을 느끼지 못했기에 몸을 되찾았을 때 '이것이 몸의 감각이구나.' 하고 명확히 구별할 수 있었기 때문이다. 하지만 당시에는 무엇을 잃었는지도 모른 채 관념의 세상을 헤맸고 오랜 시간이 흐른 후에야 연극치료를 배우기 시작하였다.

연극치료를 배우기 시작하면서 나는 점차 활발하게 뛰어놀고 누구의 눈치도 보지 않고 춤추던 어린아이의 기억을 다시 찾았다. 경직된 몸 안에 숨겨져 있던 진짜 감정을 알아채고 표현할 수 있게 되었으며 몸이 드러내는 정서와 마음의 표현이 얼마나 정확한 것인지를 깨달았다.

그리고 나는 생각이 멈춘 순간 '지금 여기'의 몸을 만나면서 드디어 잃어버렸던 현실 감각을 되찾았다. 이러한 과정을 거쳐 나는 세세한 몸의 느낌을 자각하고 마음을 몸으로 표현하는 것이 익숙해졌다. 몸에 새겨진 삶의 흔적을 이해하고 다양한 대안적 선택을 통해서 새로운 삶의 흔적을 몸에 새기기 시작하였다.

그 과정에서 경험한 모든 연극치료 작업이 소중하지만 가장 인상적으로 기억에 남은 작업은 집단 구성원과 함께 몸으로 부딪치면서 연극치료를 경험한 작업이다. 첫째는 집단 울타리 안에서 몸으로 부딪쳐 내면의 진짜 감정을 마주했던 작업, 둘째는 집단 구성원과 몸으로 얽혀 눈에 보이지 않는 '더 큰 나'를 감지했던 작업이다.

집단에서 배척되어 고립되었던 나는 집단이 만들어 준 안전한 울타리 안에서 진짜 나를 만났고 집단 구성원과 몸으로 얽혀 '더 큰 나'를 만나면서 집단과 연결되었다.

몸으로 연결된 울타리에서 처음 말하다

　매년 행해지는 연극치료사를 위한 워크숍은 치료사로서 매년 조금씩 치유받고 성장해 가는 일종의 통과 의례와 같다. 어느 해의 연극치료사를 위한 워크숍에서 나는 내면에 쌓여 있던 분노를 폭발적으로 드러낸 적이 있다.

　워크숍을 진행하던 교수님이 나를 주인공으로 하는 작업을 진행하였다. 치료사들이 원 대형을 짜서 울타리를 만들었다. 그 안에서 나는 밖으로 나가야 했고 치료사들은 나를 막았다. 밖으로 못 나가게 막는 몇몇 치료사들과 몸으로 부대꼈다. 나는 거칠게 울타리를 뚫고 나가려 하면서 맞잡은 사람들의 손을 뜯어내고 크게 소리쳤다. 몸 절반은 울타리 밖으로 나오고 미처 빠져나오지 못한 다리를 힘이 센 누군가가 붙잡고 있기도 했다. 그 과정에서 나는 온몸에 쌓여 있던 울분을 털어 내었다.

　살면서 그렇게 다른 사람과 몸으로 뒤엉켜 울분을 쏟아 낸 적은 한 번도 없었다. 안전한 테두리에서 사람들의 도움에 힘입어 그럴 수 있었다니 돌이켜 보아도 매우 감사한 일이다. 한편 집단 작업의 속성상, 그 과정에서 탈출하려는 나를 막으며 어떤 감정, 생각, 역동을 경험한 치료사도 있었을 것이다. 몸으로 부딪치며 경험하는 이러한 연극치료 작업은 모든 참여자에게 큰 영향을 미친다.

　모든 힘을 써서 한바탕 울분을 쏟아 낸 뒤에 이윽고 나는 원 안에서 작게 웅크린 채로 무릎을 팔로 감싸 안았다. 이때 내 입에서 조그맣게 나왔던 소리는 "무서워."였다. '버림받을까 봐 두려워.' '이해받지 못할까 두려워.' '날 떠나지 말아 줘.' 그 작은 소리를 내지 못해 오랫동안 침묵하였다는 것을 그때 알게 되었다.

　그것이 나의 진짜 감정과 속마음이었다. 치료사들이 자발적으로 함께 손을 잡아 안전하고 견고한 울타리를 만들어 주지 않았다면, 폭발적인 에너지로 튀어 나가려는 나의 울분을 온몸으로 막아 뒤엉켜 주지 않았다면 과연 나는 그 작은 소리를 낼 수 있었을까?

　연극치료에서는 치료사와 참여자 상호 간 에너지 역학을 통해 경직되어 있던 에너지를 자극하고 숨겨진 감정의 실체를 건드린

집단이 만든 원 안에서 안전하게 감정 표현하기

다. 참여자와 치료사가 서로 신뢰 관계에 있을 때 참여자는 연극 치료의 에너지 자극이 궁극적으로 자신을 돕기 위해서임을 알 수 있다. 참여자 내면의 경직되어 있던 에너지가 다시 흐르고 숨겨진 감정의 실체가 드러날 때, 비로소 그는 몸의 경직, 오랜 침묵과 함께 내면에 숨겨 왔던 것이 무엇인지 마주할 수 있다. 내가 그랬던 것처럼 말이다.

3   몸으로 연결된 황홀경에서 처음 만나다

    종종 생각이 많고 마음이 복잡해질 때 눈을 감고 몸을 움직인다. 마음에서 올라오는 충동에 따라 몸을 움직이다 보면 어느새 열이 오르고 호흡이 가빠지고 몸의 동작에만 집중하게 된다. 한참 몰입해서 몸을 움직이다 보면 마음이 점점 가벼워진다. 때로 이러한 몸과 마음의 상태를 '황홀경' 혹은 '무아경'이라고 부른다.

    어느 해의 연극치료사 워크숍에서 우리는 자신보다 더 큰 자아를 만나기 위해 집단 작업을 하였다. 종이테이프를 붙여 구분한 네모난 공간 안에 많은 인원이 함께 들어왔다. 우리는 눈을 감고 각자의 내적 리듬에 귀를 기울였다. 그리고 조금씩 내적 리듬에 따라 움직이기 시작했다. 바닥을 기어다니는 사람, 뒤로 걷는 사람, 노래를 흥얼거리는 사람, 어린 시절의 놀이를 하는 사람, 가만히 앉아 있는 사람, 춤을 추는 사람 등 다양한 행동을 하면서 모두 자기 내면에 집중하고 있었다.

    공간은 좁고 인원은 많았지만 누구도 다른 사람의 몸짓을 방해하지 않았고 자신의 몸짓을 멈추지 않았다. 각자가 자기 내면의 리듬에 따라 움직이면서 누군가의 몸에 닿게 되면 그 몸을 마치 자기 몸인 것처럼 여겼다. 부드럽게 접촉하거나 스쳐 지나갔고 이내 자기 리듬대로 돌아가거나 새로운 만남에 맞춰 자기 리

듬을 바꾸었다. 그렇지 않고서는 모두가 눈을 감은 채로 좁은 공
간에서 함께 움직일 수 없었기 때문이다.

상세한 지시가 있지 않았지만 우리는 모두 자연스럽게 움직였
다. 조심스럽게 나의 몸과 타인의 몸이 부딪쳤고 부드럽게 타인
의 공간에 스며들어 점차 나와 타인의 공간이 합쳐졌다. 이런 식
으로 타인의 몸과 나의 몸은 서로 연결되어 점점 더 타인과 나의
몸을 구별하지 않게 되었다.

우리는 멈추지 않고 계속 움직였고 이 행위를 통해 점차 한 덩
어리의 움직임이 되어 갔다. 생각과 감정은 잦아들고 오직 에너
지와 동작의 흐름만이 남았다. 우리의 몸이 전부 연결될 때 나는
어떤 황홀경을 경험했다. 내 몸의 경계가 흐릿해지고 내 몸 바깥
에 있는 에너지가 강렬하게 느껴졌을 때, 나는 내 몸과 나 자신보
다 더 큰 자아를 경험할 수 있었다. '나보다 더 큰 나'를 너와 나의
몸의 연결을 통해 만나는 순간이었다.

그 상태에서 내가 발견한 나의 리듬은 뱀 혹은 미끄러운 기름
처럼 느리고 부드럽게 흘러가는 몸짓이었다. 다른 사람의 몸짓
을 만날 때 충분히 접촉하면서 천천히 미끄러졌고 바닥에 앉아
있는 사람, 뒤로 걷는 사람 등을 만날 때에도 유연한 만남이 이루
어졌다. 당시 내게 필요했던 원초적 몸짓은 바로 이처럼 유연하
고 자연스러우며 끝없이 흐르는 몸짓이었다.

그 몸짓은 삶을 살아가는 태도와도 연결되었다. 나의 내면에
상처 입은 채로 가라앉아 끈적하게 뭉친, 타르 같은 기름이 있었
다. 그 에너지가 여러 사람이 한데 뭉쳐 만들어 낸 '황홀경'의 항

아리 안에서 그 열기로 인해 녹았다. 이 원초적 몸짓에는 나와 남을 구별하는 의식이 없어 뾰족한 적의, 냉담한 불신, 소심한 불안도 없었다.

이러한 연극치료 작업을 통해 나는 집단에 배척당해 생겼던 상처를 집단 안에서 자각했고 집단 안에서 치유하고 있었다. 이때의 경험이 삶에 바로 적용되지는 않았다. 하지만 적어도 나의 내면에 타인, 집단과 부드럽게 만나 상호 작용할 수 있는 근원적 힘이 있다는 것을 확인하였다.

이처럼 연극치료에서는 몸과 몸의 만남, 에너지의 만남을 통해 너와 나의 연결을 깨닫고 내 안에 이미 존재하는 근원적 치유의 힘을 발견할 수 있도록 돕는다. 근원적 치유의 힘을 발견하는 토대는 너와 나, 우리의 연결이다. 우리가 하나될 때 우리는 예상치 못한 내면의 힘을 발견할 수 있다.

몸짓과 몸짓이 만나 무아경을 느낌. 원초적 몸짓 찾기
출처: (사)한국연극치료협회 블로그. 〈연극치료와 제의〉 워크숍(blog.naver.com/kadt75).

제2장

회복을 위한 몸과 마음의 돌봄

1 건강을 잃어버리다

　내가 몸에 더욱 관심 갖게 된 두 번째 이유는 어머니의 투병 때문이었다. 어머니는 내가 성인이 되었을 때 난소암 3기 판정을 받았고 오랜 투병 기간을 보냈으나, 그로부터 20년이 흐른 지금도 가족과 함께 건강하게 지내고 있다.

　언제나 강철 같아 보였던 어머니의 3기 암 판정은 우리 가족에게 큰 충격이었지만 우리는 어머니가 낫지 않을 가능성은 아예 고려하지 않기로 결심하였다. 그래서 우리는 어머니의 수술과 항암치료, 간병, 퇴원과 입원 사이의 일상생활 복귀에만 전념하기로 하였다.

　하지만 성공적인 첫 수술 이후 20년 동안 어머니의 암은 거듭 재발하였다. 어머니가 암 투병 초기에 서울삼성병원에서 항암치료를 받을 때 병원 로비에 앉아 있던 중년 여성과 중 · 고등학생 정도로 보이던 남매가 기억난다. 중년 여성은 지쳐 보였고 어린 남매는 입을 다문 채 굳은 표정으로 시선을 아래로 떨구고 있었다. 어쩐지 초연해 보이는 중년 여성과 무감각한 남매의 표정을 보면서 '오랫동안 투병하고 있는 사람이구나. 우리 어머니도 저렇게 오래 투병하게 되면 어떡하지?'라는 생각을 잠깐 했었다. 그들의 사연을 정확히 알 수 없으나 그들의 모습은 오래 기억 속에

남아 있다. 어쩌면 이후 20년에 걸쳐 이어질 어머니의 오랜 투병 생활을 미리 감지한 것일까?

　암이 재발하고 여러 번 입원 생활을 해야 했지만 그래도 어머니는 씩씩한 모습을 잃지 않았다. 결국 어머니는 암의 영향을 이겨 냈고 완치 판정을 받았다. 완치 판정을 받기까지의 시간은 우리 가족과 어머니가 함께 고민하며 회복 방법을 찾았던 긴 치유의 여정이다.

　어머니의 투병 생활 동안 나는 연극치료사로서 할 수 있는 모든 방법을 동원해 어머니를 돕고 싶었다. 내가 할 수 있는 것은 어머니의 심리적 어려움을 돌아보고 마음의 힘을 북돋는 정도였다. 나는 마음의 문제가 몸의 문제로 이어진다는 신념이 있었기 때문에 마음을 돌보면 몸도 좋아진다고 믿었다. 또한 몸을 돌보면 마음이 좋아진다는 것을 믿었다. 그래서 이 치유 여정은 몸의 돌봄에서 시작해서 마음의 돌봄으로 끝난다. 어머니와 나는 몸의 호흡과 발성, 몸의 자세를 새롭게 하려고 노력했고 당당하게 타인을 대하고 자신의 모든 면을 수용하고 사랑하는 것까지 시도하였다.

　처음에는 고통을 줄이기 위한 호흡법부터 함께 시작했다. 어머니를 간병하면서 나는 어머니가 수술 후 통증과 항암치료 부작용을 스스로 조절하기를 바랐다. 어머니가 어느 정도 기력을 회복하고 난 이후에는 소리로 내면의 감정과 고통을 내뱉을 수 있도록 함께 노력했다. 그리고 가족 구성원을 포함한 타인을 대하는 몸의 자세, 한쪽으로 치우친 역할의 균형을 찾아가는 방법

등을 함께 고민했다. 위축된 몸과 마음을 고양하고 확장하려는 목적이었고, 나아가 자기 자신을 있는 그대로 수용하고 사랑할 수 있도록 돕는 노력이었다.

이 과정에서 나는 배우 훈련의 기초를 활용하였다. 연극치료에서는 배우 훈련을 치료적 목적으로 활용하기도 한다. 배우는 무대 위에서 마치 태어나 처음 숨을 쉬는 것처럼, 처음 서서 걷고 세상을 바라보는 것처럼 행동하라는 지침을 받는다. 이 행동 지침은 내게 익숙한 호흡법, 발성법, 걸음걸이, 시선을 모두 버리고 중립 상태가 되어 어떠한 배역이라도 새롭게 표현할 수 있는 도화지가 되라는 뜻이다. 이 배우 훈련의 기본을 어머니에게 적용한 이유도 그동안 어머니를 아프게 했던 호흡법, 발성법, 몸의 자세, 세상을 바라보는 시선, 고착된 역할 등을 어머니가 다르게 바라보고 새로운 방식으로 표현해 보기를 바랐기 때문이다. 이러한 노력은 현재 진행형이다. 어머니는 몸의 건강을 회복하면서 마음의 힘을 키웠다. 그리고 인생을 대하는 전반적인 태도에까지 변화가 있었다.

2 호흡으로 고통을 줄이다

항암치료와 잦은 시술로 인해 자주 찾아오는 신체적 고통은 늘 버거웠다. 어머니는 가슴팍에서 오르락내리락 얕게 호흡할 때가 많았다. 고통을 줄이는 호흡법에 대해 이해하고 나서 어머니는 고통이 찾아올 때마다 자발적으로 큰 호흡을 하였다. 그러면서 "신기하게 정말 괜찮아진다."라고 말하였다. 어머니가 깊은 호흡을 하게 되면서 투병 생활 중에 활성화된 교감 신경계의 긴장이 완화되고 에너지가 보존되며 안정을 찾는 효과가 생기기 시작하였다. 또한 어머니는 투병 중에 고통을 덜 느끼고 자기 몸을 조절할 수 있다는 안도감을 느끼기 시작하였다.

이는 요가 호흡법에서도 주장하는 바인데 느리고 규칙적인 호흡은 모든 세포의 활동 속도를 늦추고 외부 자극으로 인해 활성화된 교감 신경계를 안정시킨다(김영란, 조옥경, 김채희, 2005). 천천히 내쉬고 마시는 호흡은 전쟁이 일어나고 있는 신체 내부에 일종의 휴전 상태를 가져온다. 또한 들숨과 날숨에 집중하는 동안 신체의 고통에 대해 조금 거리를 둔 상태로 내 몸 전체를 조망할 수 있다. 신체의 고통에 대한 즉각적인 반응은 오히려 고통을 조절할 수 있는 능력을 떨어지게 만든다. 이는 분노 조절 방법에도 적용된다. 분노 조절 연습을 할 때 분노가 일어나면 즉각적인 행동으로 반응하지 않고 잠깐의 멈춤 상태를 통해 분노를 인지할 수 있도록 한다. 그리고 나면 그 감정을 조절할 수 있는 여지가 생긴다.

호흡으로 고통 조절하기

소리를 내어 감정을 뱉어 내다

호흡과 마찬가지로 어머니의 발성도 목에서 들락날락하였고 때론 갈라지고 새된 얇은 목소리가 나오기도 하였다. 어머니는 목소리가 크지 않았고 말수도 적었다. 원래 그런 사람은 아니었지만, 오랜 시간에 걸쳐 목소리가 작아졌고 말이 없어졌다. 긴 침묵 동안 입 밖으로 나오지 못한 말은 온몸에 쌓여 염증이 되고 암세포를 만들어 낸 것인지도 모른다. 울화병처럼 말이다.

어머니가 처음으로 큰 울음을 터뜨렸던 때를 기억한다. 서러운 울음이었다. "나는 괜찮다."라고 말하며 단단히 쌓아 오던 마음의 벽이 처음으로 무너져 펑펑 울던 그때, 그 울음을 보면서 '이제 안심이다.'라고 안도하면서도 '저 서러운 울음이 작은 몸 안에 얼마나 많은 것일까.'를 생각하니 아득해졌다. 어머니는 강철이 아니었다. 살아내기 위해 스스로 강철이라고 인식했을 뿐이었다. 강철 벽 너머로 숨죽여 울던 소리는 결국 질병을 통해 외부로 드러났다.

『동의보감』에는 '육자기결(六字氣訣)'이라는 호흡법이 있다. 간, 심장, 위장, 폐, 신장마다 그 장기를 울리는 호흡과 소리가 있고 장기로부터 올라오는 소리가 있다. 그런데 이 호흡법을 연습하면 각 장기를 울리는 소리와 호흡을 찾고 장기의 상태를 점검

하며 그 기능을 증진할 수 있다고 한다(김지선, 허일웅, 2010). 이
는 호흡, 소리, 내부 장기의 진동이 서로 연결되어 있음을 보여
준다. 어머니가 밖으로 뱉어 내지 못했던 수많은 말은 내부 장기
에 쌓였고 그 말들은 내부에서 웅웅 소리를 내며 진동했을지도
모른다. 내부에서부터 터진 울음은 그 진동의 결과일 것이다.

이 울음은 어머니의 소리를 찾기 위한 초석이었다. 이후에 어
머니와 나는 목에서 들락날락하는 소리를 복부로 내려 배에 힘
을 주고 말하는 것을 계속 연습하였다. 복부, 단전은 몸의 중심이
다. 여기에서 올라오는 호흡을 복식 호흡이라고 한다. 복식 호흡
을 통한 발성이 필요한 이유는 대사의 내용과 에너지를 객석의
관객에게 정확히 전달하기 위함이다. 내가 어머니에게 복식 호

소리 훈련을 통해 내면의 말하기

흡을 통한 발성을 알려 준 이유도 어머니가 몸 안에 쌓여 있는 말들을 세상을 향해 정확하고 힘차게 전달할 수 있기를 바랐기 때문이었다.

오랜 시간이 지나 어느새 어머니는 꽤 단단한 목소리와 뭉개지지 않는 발음, 잘 들리는 데시벨로 하고 싶은 말을 편안하게 전달하는 사람이 되었다. 어머니는 이제 "내가 옛날에는 말이 없었는데 왜 이렇게 수다쟁이가 되었지?" 하고 웃으며 말한다. 어머니가 스스로 찾은 자유는 단단한 복부의 힘에서부터 소리가 되어 올라왔다. 자신의 목소리를 세상에 내보내는 일은 몸과 마음을 회복하는 데 중요한 일이다.

4   어깨를 펴고 배에 힘주어 단단하게 서다

어머니의 몸은 안쪽으로 말려 있었다. 어깨는 둥글게 안으로 말리고 고개는 앞으로 내밀며 배에 힘을 주지 않고 무릎으로만 걸었다. 이 자세는 현대인에게 많이 나타나는 자세다. 활동이 적은 사무직 일을 했던 어머니에게도 이러한 자세가 자연스럽게 나타났다. 이 자세는 복부에 힘을 주는 것과 땅에 두 발을 단단히 딛고 서 있는 것을 어렵게 만든다. 그 결과로 자연스럽게 몸은 힘없이 굽거나 한 방향으로 휘어진다. 그래서 목, 어깨, 허리의 통증이 생긴다.

억압된 정서와 위축된 마음이 이러한 자세를 만들기도 한다. 정서가 억압되고 마음이 위축되면 근육이 긴장되어 어깨가 굽고 허리가 말린다. 마음의 힘이 약해질 때 우리는 시선을 아래로 떨구고 어깨를 잔뜩 움츠린 채, 힘없이 서 있는 자세를 취하게 된다. 그리고 이 자세는 억압된 정서와 위축된 마음을 한층 강화한다.

만약 경직된 자세를 다양한 기법으로 이완한다면 이에 따라 마음도 풀어질 수 있을까? 복부에 힘을 주고 발로 땅을 힘차게 밀면서 아래에서부터 차례대로 몸을 쌓아 올려 바르게 선 자세를 만들어 본다. 그러면 한쪽으로 쏠려 있는 근육의 과도한 긴장이

풀리면서 한결 마음이 편안해질 것이다. 균형이 무너진 자세에
서는 불편한 감정을 느끼지만 균형을 잡고 바르게 선 자세에서
는 편안한 감정을 느낄 수 있다.

위축된 자세, 위축된 마음

바른 자세, 편안한 마음

그리고 두 발로 단단히 땅을 딛고 서서 몸을 곧게 만드는 자세
는 그 자체로 상징적 의미가 있다. 땅에 뿌리를 단단히 박고 서
있는 나무처럼 이 세상에 뿌리를 박고 나의 자리를 스스로 만들
어 낸다는 의미다. 이때 몸과 시선은 앞을 향하며 이를 통해 세상
을 보다 더 정확하고 당당하게 볼 수 있다. 그리고 힘이 들어간
복부와 곧게 선 척추, 말리지 않은 어깨는 환경과 마음의 압력을
이겨 내는 내면의 단단한 힘을 보여 준다. 어머니는 지금도 여전
히 몸의 자세를 바르게 하고 근육의 긴장을 풀기 위해 재활 운동

및 다양한 방법을 통해 노력하고 있으며 자세가 당당해질수록
마음의 힘이 강해지는 것을 경험하고 있다.

5 나부터 돌보다

　20년의 투병 기간 동안 어머니에게 지겹게 했던 말이 있다. "우리를 먼저 챙기지 말고 어머니가 먹고 싶은 것, 하고 싶은 것부터 하세요. 자신을 소중히 생각하지 않으면 아무도 어머니가 귀한 줄 몰라요." 그렇게 어머니를 살리고 싶었던 우리 가족도 어쩌면 어머니의 희생을 당연하게 생각해 왔다. 어머니가 양보하고 배려해 주는 것은 너무 익숙한 일이어서 고마운 줄 몰랐다. 어머니는 '어머니'라는 이유로 가족에게 자신을 지나치게 내어 주었다.

　연극치료에는 역할 공존이라는 말이 있다. 세상 모든 역할에는 빛과 그림자가 있다. 어머니 역할에도 좋은 어머니, 나쁜 어머니의 측면이 있다. 그런데 우리네 어머니는 너무 좋은 어머니만 되려고 한다. 내면의 나쁜 어머니 측면은 수용하지 않는다. 나쁜 어머니라는 말을 오해할 수도 있겠다. 나쁜 어머니란 자식을 학대하는 어머니가 아니다. 어머니는 자식을 보호하고 잘 지도하기 위해서 적절한 통제와 권위를 가져야 한다. 자식이 위험한 환경에서 스스로에게 해를 끼치는 행동을 할 때 어머니는 단호한 태도로 엄격하게 이를 제지해야 한다.

　한편 어머니는 때때로 내 배에서 나온 자식을 자신의 소유물처럼 여기기도 하고 자식을 키운 공을 인정받으며 보상을 요구하기도 한다. 그런데 이런 모든 모습이 자식을 위해 희생하고 배려하고 양보하는 모습만큼이나 자연스럽다. 어머니는 자식과 몸을 나눈 사이이므로 누구보다 자식과 깊이 연결되어 있지만, 어머니도 인간이다.

　만약 우리가 어머니의 모습 중에서 한쪽 측면만 수용하고 강조한다면 어머니의 역할은 어떻게 만들어질까? 우리 사회는 희생하고 배려하며 양보하는 어머니의 모습만 강조하는 측면이 있다. 그런데 어머니의 과도한 희생은 때로 가족 전체에 악영향을 미친다. 가족은 어머니의 희생을 당연시하고 어머니도 자신의 희생을 당연시한다. 어머니가 하나의 인격체라는 사실은 잊고 어머니조차 자신을 돌보지 않는다. 가족 구성원 모두는 개별적 존재이면서 상호 연결되어 있다. 그렇다면 개별적 존재로서 내

나 돌봄, 가족 돌봄의 균형

면의 균형을 잡고 사랑을 잘 주고받는 것이 필요하다. 주고받기가 자연스럽게 이루어질 때 우리는 연결된 존재로서 서로를 더욱 잘 감지하고 배려할 수 있다.

꾸준한 나의 잔소리 끝에 어머니는 자기 자신을 제대로 돌보지 못했음을 인식하기 시작했고 조금씩 달라졌다. 점차 맛있는 음식을 먼저 먹기도 하고 자식들에게 "내가 도와줄까?"라는 말을 예전에 비해 적게 말한다. "내가 이렇게 변했네. 예전엔 맛있는 게 있으면 다음 끼니에 한 번 더 반찬으로 내려고 나는 안 먹었는데, 오늘은 내가 너희만큼 많이 먹었어." 웃으며 말하는 그 모습이 반갑고 감사하다.

사랑의 에너지도 한 방향으로 흐르기 시작하면 순환하지 못하고 소진되어 버린다. 먼저 나를 돌보고 나를 돌보는 힘으로 가족을 돌봐야 한다. 가족 또한 받은 사랑을 감사로 돌려줄 때, 비로소 사랑의 에너지는 양방향으로 원활하게 흐르며 가족의 사랑이 커진다. 일방적 희생이 가족 전체를 위하는 일은 아니다. 내면의 좋은 어머니, 나쁜 어머니를 수용하고 통합하는 것은 이렇게 자기 돌봄, 타인 돌봄의 에너지 균형을 맞추는 것과 연관되어 있다.

20년 동안 어머니와 함께 탐색하고 시도해 온 방법들은 다음의 문장으로 요약할 수 있다.

 '내 몸을 돌보자.'

'나 자신을 먼저 사랑하자.'

이 문장은 누구나 알고 있는 참 소박한 진실이다. 그리고 이 진실을 몸으로 체화하여 살아 내기가 얼마나 어려운지도 우리 모두 잘 알고 있다. 하지만 어머니는 병을 극복하기 위해, 새로운 인생을 살기 위해, 몸 안의 생명력을 되찾기 위해 그 진실을 체화하여 살아가고 있다.

다시 찾은 몸과 마음의 건강

"어머니. 밭일 좀 그만하세요." 오늘도 어머니는 텃밭에 나가 식물을 돌본다. 어머니는 무언가를 돌보면서 자기 삶도 돌본 것이 틀림없다. 하지만 지나치게 과한 몰입은 몸의 자세를 흐트러뜨린다. 외부에 과도하게 몰입하는 동안 자기 몸을 자각하는 사람은 거의 없다. 나는 지나가면서 툭툭 "어머니. 허리 펴요." "어머니. 천천히 걸어요." 하며 말을 건넨다.

오랜 재활을 통해 이제 어머니는 자기 몸을 조금 자각했다. 몸이 어떻게 기울어져 있고 어느 부위가 잘 움직이지 않으며 어느 부위가 더 많은 힘을 쓰고 있는지 조금씩 느끼고 있다. 하지만 아직 어머니는 몸과 더 많은 대화를 나누지 않는다. "건강은 잃어 봐야 안다."라고 하며 누구보다 건강의 소중함을 아는 사람인데도 그렇다. 어쩌면 두 번째로 얻은 삶의 기회, 생명임에도 그렇다.

그러니 아직 건강한 우리가 자기 몸을 자각한다는 것은 얼마나 어려운 일인가. 단순히 몸매를 아름답게 조각하는 것이 아니라 오늘 나의 어깨는 어떤 말을 내게 건네고 있는지, 나의 호흡은 지금 가슴에 있는지 배에 있는지, 나의 발은 이 방향으로 가려고 하는지 아닌지, 내 표정은 지금 어떠한지 그것을 쉽게 자각할 수 있는 사람은 많지 않을 것이다. 하지만 몸은 계속해서 우리에게 말하고 있고 우리는 주의를 기울여 '몸이 하는 말'을 살피고 몸의 요구를 들어줄 의무가 있다. 몸이 계속 말하다 못해 통증과 질병으로 비명을 지르게 되기 전에 말이다.

무엇보다 자신의 몸을 자각하고 그 요구에 귀 기울이며 몸과 소통하기 시작할 때 우리는 바르고 유연하며 건강하고 생기 있는 몸과 마음을 만날 수 있다. 관념의 세상에서 떠돌며 몸을 잃어버렸던, 긴 투병 생활 동안 몸이 아팠던 어머니와 나는 각자의 방식대로 치유의 계기, 매개체, 방법을 찾아 꾸준히 몸과 마음 돌봄을 실천했다. 그 시작점은 언제나 몸이었다. 그리고 그 종착역도 몸을 통해 드러나는 삶의 모습이다.

제 2 부

이해하기

연극치료에서 몸을 이해하는 방식

연극치료에서 몸을 이해하는 방식

제2부 '이해하기'에서는 연극치료의 전반적인 흐름과 치유 원리 및 연극치료사가 어떻게 몸을 이해하고 치료적으로 접근하는가에 대한 상세히 설명한다.

제3장 '몸으로 만나기'에서는 치료사와 참여자의 만남, 집단치료에서 집단 구성원과의 만남이 몸을 통해 이루어진다는 것과 이 만남이 어떻게 치료적 만남이 될 수 있는지를 말한다.

제4장 '몸 깨우기'에서는 환경과 끊임없이 상호 작용하며 환경에 반응하는, 살아 있는 나의 몸을 자각하기 위해 어떻게 감각을 깨우는가에 대해 말한다.

제5장 '몸 알아채기'에서는 나의 몸과 소통하기 위해서 몸에 주의를 기울이고 몸이 말하는 진짜 감정을 알아채는 방식에 관해 알아본다.

제6장 '몸으로 역할 표현하기'에서는 내가 살아온 다양한 삶의 흔적들이 몸에서 드러난다는 것을 이해하고, 나의 몸으로 가상의 역할을 표현할 때 나를 더욱 편안하고 정확하게 탐색할 수 있음을 확인해 본다.

제7장 '몸의 표현 바꾸기'에서는 삶의 변화를 위해 필요한 새로운 역할을 찾고 그 역할이 갖는 치유적 힘을 나의 몸으로 수용하는 과정에 대해 살펴본다.

제1부에서는 실제 사례를 통해 연극치료의 치유적 힘과 극적 현실에서 일어나는 신비롭고 놀라우며 아름다운 풍경을 확인했다면, 제2부에서는 그 이면의 치유적 원리를 발견하기를 바란다.

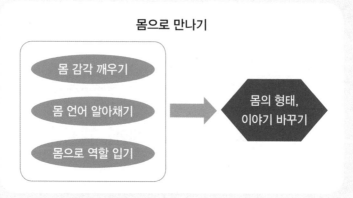

연극치료에서 몸을 이해하는 다섯 가지 방식

연극치료에서 몸을 이해하는 방식은 크게 다섯 가지로 나눠 볼 수 있다. 앞의 그림에서 보다시피, 서로의 몸을 통해 만나는 것은 치유의 장(場) 내에서 끊임없이 이루어진다. 그러므로 치료의 환경이 될 수 있겠다.

이 치료의 환경에서 만나게 되는 환자를 우리는 '참여자'라고 부른다. 내담자는 언어 상담의 대상자이며 클라이언트는 고객을 뜻하는데 한국연극치료협회에서는 치료사와 환자가 함께 연극 치료의 여정을 경험한다는 점에서 참여자라는 호칭을 쓴다. 이 렇게 동등한 입장에서 치료사와 참여자는 몸을 통해 만난다. 치료사는 자기 몸을 통해 참여자의 몸 감각을 깨우고 참여자의 몸이 말하는 진짜 감정과 속마음을 참여자가 인식할 수 있도록 돕는다. 그리고 참여자가 역할에 대해 이해하고 적절한 몸의 표현으로 역할 연기를 할 수 있도록 돕는다.

이때 참여자는 자기 몸을 자각하고 새롭게 인식하며 현재 자신의 역할에 내포된 심리적 문제점을 알게 된다. 이러한 문제를 파악하게 되면 대안적 선택을 할 수 있고 대안적 선택은 삶의 새로운 역할과 연결된다. 치료사는 이 새로운 역할이 갖는 치유적 힘을 참여자가 몸으로써 경험하고 받아들일 수 있도록 돕는다.

이는 궁극적으로 몸의 표현 및 이야기를 바꾸기 위함이다. 즉, 참여자가 이전과는 다른 몸의 표현을 통해 이전과는 다른 삶의 흔적을 몸에 새겨 새로운 인생의 이야기를 만들어 나가기를 바라는 것이다.

'다른 몸의 표현'이란 몸매를 가꾸는 것처럼 형태를 바꾼다는 의미가 아니다. 제1부에서 어머니가 마음의 힘을 찾으면서 새로운 몸의 표현을 만들어 갔던 것처럼 새롭게 찾은 내면의 힘이 드러나는 몸의 표현을 말한다. 내면의 변화에 따라 몸의 모양, 자세, 눈빛, 표정, 말투, 소리의 크기 등이 변하고 이를 통해 그 사람의 내면 변화를 알아챌 수 있다. 그리고 '이전과는 다른 삶의 흔적' '새로운 인생의 이야기'란 새로운 정체성이기도 하다. 쉽게 말해 새로운 정체성을 찾고 그에 맞는 몸의 표현을 갖추고 새롭게 살아가도록 돕는 것이 연극치료의 궁극적인 목표다.

몸을 이해하는 다섯 가지 방식은 단계별 흐름이라고 봐도 무방하다. 하지만 실제 작업을 할 때는 참여자에 따라 순서가 바뀌기도 하며 일부만 시행하기도 한다. 다섯 가지 방식을 단계별로 다시 서술하겠다.

첫 번째, 치료사와 참여자가 서로의 몸을 통해 만난다. 치료 회기 내내 치료사와 참여자는 몸으로 만나며 상호 간 신뢰와 연결을 경험한다.

두 번째, 상호 연결로 이루어진 치료 환경에서 치료사는 참여자 몸의 감각을 깨우기 위한 다양한 활동을 한다. 몸의 감각을 깨우는 것은 연극을 할 수 있는 몸을 갖추고 자기 몸을 자각하기 위한 첫 단계다.

세 번째, 자기 몸을 자각하기 시작한 참여자는 몸이 건네고 있던 몸의 언어를 알아채기 시작한다.

네 번째, 가상의 역할을 연기하면서 내 몸에 새겨진 다양한 감정, 생각, 관계 패턴, 신념 등을 살펴본다.

다섯 번째, 대안적 선택과 새로운 역할 연기를 통해 몸의 표현을 바꿔 본다.

이 모든 과정은 참여자 몸의 이야기를 바꾸기 위한 일련의 과정이다.

제 3장

몸으로 만나기

1 집단 구성원과의 만남

연극치료는 개인치료에서도 강점을 발휘하지만 집단치료를 할 때 더욱 다채로운 시너지가 생긴다. 집단 연극치료에서는 집단 구성원 사이의 역동을 잘 파악하고 신뢰 관계를 형성하며 서로가 서로에게 치유자가 될 수 있도록 만드는 것이 중요하다.

연극 공연을 생각해 보면 배우는 무대에서 다른 배우와 함께 극을 만들어 간다. 우리가 흔히 "배우들의 호흡이 중요하다."라거나 "배우들의 합이 잘 맞았다."라고 말하는 것은 상대 배우의 연기에 민감하게 반응하고 서로 간에 에너지를 잘 전달하였음을 의미한다. 이처럼 배우 간의 합이 잘 맞게 되면 시너지 효과가 일어나서 무대 위 장면이 더욱 풍성해진다. 또한 관객도 그들이 주고받는 호흡을 함께 느끼면서 마치 자신이 무대 위에서 그들과 더불어 연기하고 있는 것처럼 몰입할 수 있다.

연극치료에서도 이러한 공명의 장을 만들어 내는 것이 중요하다. 집단 구성원끼리 서로에게 마음을 열고 집중하여 공감하기 시작하면 그들 사이에 유대감이 생긴다. 배우로서 함께 극을 만들거나 관객으로서 극 장면을 바라볼 때 서로 간의 믿음 속에서 치유적 요소가 자라기 시작한다. 그것이 '우리가 함께하고 있다'는 의미다.

김춘수 시인은 자신의 시 「꽃」에서 "내가 너의 이름을 불러 주었을 때 너는 내게로 와서 꽃이 되었다"라고 하였다. 우리가 함께 하고 있을 때 나는 마음에서부터 너의 이름을 불러야 한다. 그래야 상대가 내게로 와 꽃으로 피어난다.

그런데 연극치료에서는 이와 같은 너와 나의 만남을 몸과 몸의 만남으로 본다. 몸을 통한 만남이 너와 나의 존재를 보다 명확히 드러낸다. 예를 들어, 몸을 활용하여 극적 놀이를 할 때 집단 구성원의 몸은 가까이 붙었다가 멀리 떨어지기도 하며 물리적인 힘과 정신적인 에너지를 서로 주고받는다. 때로 구성원들은 동일한 형태로 함께 움직이고 조금씩 동작을 변형하기도 한다. 이때 상대의 몸은 내게 위협이나 보호, 돌봄이나 소외, 교감이나 단절 등 다양한 의미를 띠게 된다. 누군가의 몸은 위협적이지만, 누군가의 몸은 보호해 준다는 의미를 갖는다.

그런데 누군가의 몸이 위협적으로 느껴진다고 해서 그것이 나쁜 것은 아니다. 이러한 다양한 몸과 몸의 만남을 통해 참여자는 물리적이고 정신적인 내 몸의 경계를 인식할 수 있기 때문이다. '나는 지나치게 가까이 다가오는 이 사람을 왜 위협적으로 느끼는가?'라고 자문할 때 내가 허용할 수 있는 내 몸의 경계선을 스스로 인식하게 된다. 이처럼 다양한 상대의 몸과 만날 때 계속 다르게 반응하는 자신의 몸을 인식하면서 타인의 존재로 인해 자신의 존재가 규정되는 것이다.

몸과 몸의 만남을 통한 자기 인식 및 집단 구성원 간의 공감, 유대감, 신뢰 관계 형성은 구성원 모두가 함께 만들어 가는 치료의 환경적 요소가 된다.

2 치료사와 참여자의 만남

개인치료, 집단치료 모두 치료의 환경적 요소를 고려해야 하며 치료의 매 순간마다 상호 간에 공명이 있어야 한다. 이러한 치료사와 참여자 간의 공명은 감각의 부딪침을 통해 더욱 생생해진다(박미리, 2018). 치료사와 참여자 간에 이루어지는 직접적이고 원초적인 감각의 부딪힘은 살아 있는 유기체로서의 내 몸을 자각하게 한다.

예를 들어, 참여자가 치료사를 만날 때 그 몸의 형태를 눈으로 보고 목소리를 들으며 치료사의 냄새를 의도하지 않아도 맡게 되고 신체적 접촉이 있으면 그 촉감을 느끼게 된다. 때때로 치료사가 자신을 대하는 태도에서 그의 에너지를 느끼기도 한다. 이 과정에서 참여자는 자기 감각을 이용해 치료사를 감지하고 있다. 치료사도 마찬가지로 자기 감각을 이용해 참여자를 감지하고 있다. 상대의 몸을 알아차리는 치료사와 참여자는 '지금 여기' 함께 공존하는 서로의 존재를 인식한다.

어떠한 대화나 의사소통 없이도 치료사와 참여자는 만남 자체로 서로의 존재를 인식할 수 있다. 마치 서로에게 호감 있는 남녀가 멀리 떨어져 앉아 한마디도 나누지 않아도 그 자리에 그 사람이 있음을 계속 인식할 수 있는 것처럼 말이다. 참여자가 치료실의 문을 여는 순간부터 참여자는 치료사의 존재를 인식하게 되고 어떤 말을 나누기 전에 이미 치료사를 파악하기 시작한다. 치료사와 참여자 간에 치료적 관계가 시작된 것이다.

또한 몸에는 다양한 정보가 드러나고 각자의 고유한 표현이 있어서 몸을 보고 느끼고 알게 되는 것이 있다. 치료사가 참여자에게 온전히 집중하고 유심히 관찰하며 그 내면에 무엇이 있는가를 온전히 느끼려고 할 때 참여자 몸의 정보와 고유한 표현 방식을 알 수 있다. 치료사뿐 아니라 누군가를 진심으로 사랑하고 도와줘 본 사람이라면 상대방이 많은 것을 말하지 않아도 그에 대해서 저절로 알게 되는 경험을 해 보았을 것이다. 남과 연결되기를 진정으로 원한다면 그가 표현하지 못하는 것까지 어느 정도는 느낄 수 있다. 우리는 집단 무의식으로 서로 연결되어 있기 때문이다.

사이코드라마의 창시자 모레노(Moreno)는 이것을 '텔레(tele)'라고 불렀다. 텔레는 사람들 사이의 관계를 말없이 감지하는 능력으로 개인이 서로에 대해 갖고 있는 어떤 민감성을 뜻한다. 치료사와 참여자의 몸이 한 공간에 있을 때 눈에 보이지 않는 기류가 미묘하게 드러나는데, 이를 잘 감지하는 것이 치료사와 참여자의 만남에서 중요하다. 눈에 보이는 것과 보이지 않는 것까지 상대를 제대로 파악하는 것이 모든 관계 맺기의 시작이다. 또한 치료사는 눈빛, 표정, 자세, 사소한 몸짓을 통해 참여자를 환대하는 에너지를 잘 전달해야 한다.

　지금까지 집단 구성원, 치료사와 참여자가 함께 만들어 내는 치료적 환경은 몸과 몸의 진정한 만남에서부터 시작된다는 것을 살펴보았다.

　실제 프로그램과 작업 예를 통해 치료사와 참여자 간의 몸을 통한 만남, 말하지 않아도 통하는 내면의 소통과 연결에 대해 더욱 상세히 알아보자.

3 실습 프로그램: 거울 놀이

거울 놀이 소개

거울 놀이를 할 수 있는 대상은 모든 연령대를 아우르며 나아가 장애 진단을 받은 참여자도 가능하다. 이 놀이는 상대방을 인식하고 모방할 수 있는 능력을 전제로 한다.

거울 놀이는 작업 초반부에 종종 행하는데 참여자의 본격적인 이슈를 다루기 전에 치료사와 참여자가 몸의 반응을 통해 상호 연결되는 것이 필요하다. 상호 모방과 교감을 통해 치료사와 참여자의 내면을 연결한다. 이러한 연결 상태에서의 공감과 개입은 참여자에게 진실하게 가닿을 수 있다.

특히 언어를 통한 소통에는 유창한 참여자가 몸을 통한 소통에 소극적이거나 미숙한 경우가 종종 있는데, 이러한 참여자에게는 전체 치료 작업 내내 몸을 통한 소통 및 교감이 필요하다.

거울 놀이와 같이 상호 교감하는 극적 놀이는 치료사와 참여자 간의 신뢰 관계 형성을 위해 연극치료 작업에서 종종 활용하는 방식으로 놀이의 치료적 요소를 잘 드러낸다.

1) 거울 놀이 프로그램

목표
① 상대의 몸짓을 모방하며 상대 몸짓의 표현을 이해한다.
② 상대가 모방하는 내 몸짓을 보면서 내 몸짓의 속성을 이해한다.

(1) 1단계: 마주보기

치료사와 참여자 혹은, 참여자와 참여자가 서로 마주 서서 바라본다. 서로 간의 거리는 팔을 살짝 구부린 형태로 앞으로 내밀 때 서로 손이 닿지 않는 정도이다. 서로의 눈을 바라보고 상대 몸의 전체 형태를 인식하는 데 문제가 없는 거리인지 확인한다.

(2) 2단계: 모방하기

한쪽 편 사람이 먼저 움직이는 사람이 되고 반대쪽 편이 그 사람의 거울이 되어 동작을 모방한다. 한쪽 편 사람의 움직임이 끝나면 역할을 바꿔서 반대쪽 편이 움직이는 사람이 된다.

(3) 3단계: 변형하기

치료사는 의도를 갖고 움직임을 변형할 수 있다. 참여자가 평상시 시도해 보지 않았던 움직임을 해 볼 수 있도록 가볍게 시도하거나 리듬을 변형하여 더 깊은 집중 상태로 유도할 수 있다. 혹은 가만히 서서 눈을 바라보고 서 있을 수도 있다.

(4) 4단계: 전체 소감 및 내가 느끼고 경험한 것 나누기

활동의 전체 소감과 내가 느끼고 경험한 것을 함께 나눈다. 일상과의 연관성을 찾아본다.

2) 거울 놀이 예시

(1) 마주 보기

거울 놀이는 1:1의 구조로도 가능하고 집단으로도 가능하다. 1:1로 시작하여 4명이 마주 서서 한 사람의 동작을 모방하거나 전체 집단이 원으로 둘러서서 한 사람의 동작을 모방하는 것이 가능하다.

마주 보는 단계에서 상대방을 바라보는 것을 불편해하거나 자신의 몸짓을 보여 주는 것을 불편해하는 참여자도 있다. 이러한 모습에서부터 참여자의 대인 관계 양상 및 자기 노출에 대한 부분을 진단할 수 있다.

또한 치료사가 참여자를 마주 바라볼 때 상호 간에 흐르는 미묘한 기류를 잘 파악하는 것이 텔레(tele)의 기본이 된다.

(2) 모방하기

처음에는 손과 팔을 움직여 가볍게 모방할 수 있도록 하다가 점차 다른 몸짓을 시도하는 것이 좋다. 상호 간에 모방이 잘 이루어지면 제자리 뛰기, 걷기와 같은 움직임을 추가하기도 하고 상호 간 거리를 멀리 떨어뜨리기도 한다.

모방을 시작하면 어떤 참여자는 상대를 배려하여 지나치게 소극적인 몸짓을 보이기도 하고 어떤 참여자는 상대가 자신을 모방할 수 없도록 빠르고 예측 불가능하게 움직이기도 한다. 또한 상대의 몸짓을 그대로 모방하지 않고 자기 마음대로 움직이는 참여자도 있다. 이렇게 움직이고 싶은 이유도 있으므로 그 자체의 역동을 인정하되 상호 간 교감을 위해 상대방을 배려해 달라고 당부한다.

치료사가 참여자를 모방할 때 치료사는 참여자의 몸짓뿐 아니라 몸짓에 담긴 정서, 생각도 잘 모방해야 한다.

(3) 변형하기

치료사가 의도를 가지고 참여자의 동작을 변형할 때, 참여자와 치료사가 더욱 긴밀하게 연결되어야 하는지, 참여자가 또 다른 몸짓과 정서를 경험해야 하는지 잘 판단해야 한다. 치료사 입장에 서서 참여자에게 새로운 움직임을 제안하는 것이 참여자와 치료사 간의 연결을 약하게 할 수도 있다. 참여자는 그저 치료사와 마주 바라보고 자신의 존재를 온몸으로 느껴 주기를 바랄 수도 있다. 그러므로 치료사는 참여자와의 연결을 더욱 깊게 경험하고 싶은지, 참여자에게 새로운 감정과 느낌을 전달하고 싶은지 내면의 역동을 잘 가늠해야 한다.

(4) 전체 소감 및 내가 느끼고 경험한 것 나누기

후기

때때로 치료사가 자신의 몸짓과 정서를 그대로 모방하는 것이 불편한 참여자
도 있다. 이들은 타인이 자신을 제대로 관찰하고 공감할 수 있다는 것을 믿지
못하며 자기 모습을 노출하기 두려워한다. 하지만 우리 모두에게 '나를 있는 그
대로 수용해 달라'는 욕구가 있다. 두려워 마음을 닫은 참여자의 웅크린 모습
옆에 앉아 '나는 너의 마음을 안다.' '그래서 너를 모방할 수 있다.'라는 메시지
를 말없이 전달해 보자.

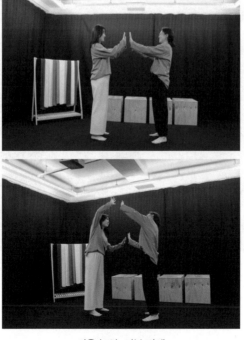

거울 놀이-기본 자세

거울 놀이-다양한 변형

제 4 장

몸 깨우기

1 환경과 몸의 주고받음

　몸의 감각을 깨운다는 것은 어떤 의미일까? 몸의 감각이 민감한 사람을 만난 적이 있다. 그는 자기 감각이 지나치게 민감해서 어릴 때부터 '유난이다.'라는 이야기를 들었다고 하였다. 그러다 보니 남들과 조금 다른 자신을 있는 그대로 수용하기가 힘들다고 하였다. 하지만 그는 남들과 다른 감각을 활용하여 소믈리에로 활동하고 있었다. 어떻게 보면 약점일 수도 있는 자신의 특성을 잘 살린 것이다.

　현대 사회에서 몸의 감각이 민감하다는 것은 약점처럼 여겨지기도 한다. 누군가는 까칠한 천의 촉감을 견디지 못해서 자연 소재의 옷만 입고 누군가는 특유의 향이 싫어서 특정 음식을 먹지 못한다. 청각이 예민해서 소음이 적은 교외에서만 살아야 하는 사람도 있고 까다로운 미각 때문에 때때로 '입 짧은 아이'가 되기도 한다. 이들에게 현대 사회의 복잡한 환경은 과다한 감각 자극을 불러일으키고 일상생활을 힘들게 한다. 환경에 적응하기 위해 예민한 감각을 얼마간 조절하는 것도 필요하다.

　하지만 누구보다 섬세하게 빛과 소리, 맛과 향, 살에 닿는 것들의 촉감을 느낄 수 있다는 것은 남들과는 다른 세상을 보는 일이기도 하다. 과다한 감각 자극으로 인해 지나치게 많은 정보를 처

리하는 것이 버거울 수 있지만 이들은 주변 환경의 다양한 요소
와 끊임없이 상호 소통할 수 있는 열린 감각을 지녔다. 이 열린 감
각은 치료 현장을 찾아오는 참여자들에게는 꼭 필요한 일이다.

치료 현장에 찾아오는 참여자는 자기 몸을 잘 자각하지 못하
며 내면의 에너지는 굳어 있고 항상 반응하던 대로 반응하는 경
우가 많다. 왜 그런 것일까? 고통스러운 상황이 반복되면서 자기
감각이 둔감해야만 생존할 수 있었기 때문이다.

이들은 외부에서 오는 자극을 더 이상 수용하지 못해서 자기
내면의 은신처로 깊이 침잠하였고 외부 세상과 단절하였다. 이
제 더 이상 감당하기 어려운 외부 자극을 느끼지 않지만, 환경과
끊임없이 교감하며 자각할 수 있었던 자신의 존재도 마찬가지로
잘 느끼지 못한다. 심지어 고통스러운 환경에서 벗어난 이후에
도 감각은 여전히 둔감하여 세상의 아름다움이나 기쁨, 다른 사
람과 나누는 깊고 친밀한 교감까지 느끼기 어려울 수 있다.

배우는 연기 훈련을 할 때 주변 환경과 상대방의 행동에 대해
서 새롭게 반응하는 훈련을 한다. 무대에 오르기 위해 반복적으
로 연습하면서 매우 익숙해진 상황이지만, 마치 그 상황을 지금
막 경험한 것처럼 반응하려고 노력한다. 이는 무대 위에서 생생
하게 살아 있는 연기를 보여 주기 위해서다. 현장감 넘치는 연기
를 위해 배우는 온몸의 세포를 깨워 자극에 민감해지는 훈련을
한다. 그리고 무대 위에서 '지금 여기' 존재하고 있음을 몸의 감
각을 총동원하여 느낀다.

자기 몸을 자각하지 못하는 참여자에게 '지금 여기' 존재함을

느끼게 하는 간단한 방법은 이처럼 감각을 깨워 주변 환경에 민감해지도록 하는 것이다. 내 몸은 쉴 새 없이 감각을 통해 환경에 대한 정보를 제공한다. 이 정보를 알아채기 시작하면 내가 현재, 이 공간에 있으면서 환경의 많은 요소와 상호 작용하고 있음을 알게 된다.

나의 감각은 죽지 않았으며 매 순간 살아 숨 쉬고 있다. 이러한 자각이 처음에는 낯설고 두려울 수 있다. 내 몸이 깨어나면 내면에 숨겨 놓은 다양한 감정이 자극받아 깨어나고, 이전에는 인식하지 못했던 다양한 환경 정보를 느끼게 되어 혼란스러울 수 있다. 하지만 생생한 감각으로 나의 환경과 다시 소통하면 기존에 알고 있던 세상을 새롭게 바라볼 수 있고 세상과 내가 다시 연결되는 기쁨을 느낄 수 있다. 생생한 삶의 감각은 곧 치유의 선물이다.

2 치료는 몸의 자각에서부터

참여자가 환경과의 만남을 통해 감각을 깨우는 것과 치료사·참여자가 구체적이고 원초적인 감각의 부딪침을 통해 자기 몸을 자각하는 것은 치료 회기 초반에 매우 중요한 작업이다. 참여자의 감각이 열리면서 세상을 감지하고 인식하고 수용하게 되면 참여자 내면에 굳어 있던 것들이 흐르기 시작하고 에너지가 생긴다. 이 에너지는 참여자 스스로 움직이고자 하는 힘을 만든다. 이 과정에서 바로 참여자의 '자발성'이 생긴다. 굳어 있던 리비도(Libido)가 풀리며 흐르는 것, 내면의 욕동이 생긴다. 자발성이 생기면 참여자는 치료사, 치료 공간, 치료 활동에 더욱 집중할 수 있다. 그리고 치료 여정 내내 필요한 에너지를 만들 수 있다.

참여자의 감각을 깨우면서 치료사 내면의 에너지도 자극되고 흐르기 시작한다. 치료사와 참여자가 몸과 몸을 통해 만나고 있기에 치료사 내면의 에너지는 참여자 내면의 에너지와 연결될 수 있다. 예를 들어, 치료사는 다정한 눈맞춤, 가벼운 모방, 참여자 행동에 대한 리액션, 행동 하나하나를 주의 깊게 관찰하는 시선, 등을 토닥여 주는 것과 같은 가벼운 신체 접촉 등으로 참여자에 대한 깊은 공감과 지지를 표현할 수 있다. 이때 치료사와 참여자 사이에는 눈에 보이지 않지만, 따뜻한 에너지가 흐르기 시작한다. 참여자가 마음이 열릴수록 이 에너지는 참여자 내면으로 흘러가 치료사와 참여자를 따뜻하게 연결한다.

이 연결은 참여자가 잊어버리거나 끊어졌다고 느끼는 것을 회복하는 시초가 된다. 참여자가 자기 몸을 자각하지 못할 때 자기 몸과의 연결감을 잊어버린다. 이 단절의 감각이 확장되면 내 감정, 부모, 다른 사람, 자연과 같은 더 큰 존재와도 단절되었다고 느낄 수 있다. 치료사는 참여자의 내면을 들여다보며 따뜻한 에너지를 전달하고 참여자가 자기 몸과 다시 연결될 수 있도록 돕는다.

또한 참여자가 환경에 반응하는 감각을 깨우기 위해 치료사는 다양한 매체를 활용하기도 한다. 시각, 청각, 촉각 및 공감각적 자극이 치료사·참여자 상호 간에 오고 갈 수 있도록 한다. 다양한 천·미술 재료의 색감과 질감, 조명의 색감과 온도, 음악의 리듬과 선율 등을 사용하며 때로는 향이 나거나 먹을 수 있는 재료를 준비한다. 다양한 환경 자극을 치료사와 함께 경험하며 참여자는 점차 자신의 환경, 타인, 나아가 자기 자신과 교류하는 것을 배운다. 환경과 치료사, 환경과 참여자, 치료사와 참여자가 끊임없이 상호 작용하는 것이다. 이러한 연결과 소통이 모든 치료의 시작이다.

지금까지 환경과 상호 작용하는 몸의 감각을 깨워 내면의 굳어 있던 에너지를 흐르게 하고 감각을 통해 환경, 치료사, 참여자가 상호 교류하는 것에 대해 알아보았다.

실제 프로그램과 작업 예를 통해 환경에 반응하는 참여자의
모습과 몸의 자각, 치료사와 참여자의 교류에 대해 알아보자.

3 실습 프로그램: 4계절 움직임 놀이

4계절 움직임 놀이 소개

4계절 움직임 놀이는 참여자가 좋아하는 자연의 느낌을 공간과 조명, 천의 색감과 질감, 치료사가 입으로 내는 의성어를 활용하여 치료 공간 안에 표현하고 이를 온몸으로 느끼는 작업이다.

이는 미처 표현하지 못한 감정을 인식하는 하나의 열쇠가 될 수 있다. 자신의 감정을 적절한 방식으로 표현하기 어려워하는 참여자는 먼저 자신의 감정이 어떤 감정인지 인식하는 것이 필요하다. 그리고 자신의 감정을 제대로 인식하기 위해서는 우선 내 몸의 감각을 깨워야 한다.

거울 놀이와 같이 4계절 움직임 놀이도 치료 작업 초반부에 종종 행한다. 초반부의 극적 놀이는 몸의 감각을 다양한 방식으로 깨우고 감각에 대한 반응을 참여자가 몸짓으로 표현하게 돕는다. 이는 참여자가 몸으로 세상을 경험하고 내면을 표현하는 기초가 된다.

특히 친밀한 감각 자극을 싫어하거나 다양한 형태의 감각 자극을 경험하지 못한 아동에게 이 같은 작업은 성장 발달의 측면에서도 유용하다.

1) 4계절 움직임 놀이 프로그램

> **목표**
> ① 다양한 매체 통해 감각 자극하기
> ② 참여자가 선호하는 감각 자극 찾기

(1) 1단계: 4계절 느낌 상상하기

봄, 여름, 가을, 겨울의 모습이 어떤지 떠올려 본다.

(2) 2단계: 4계절 느낌 표현하기

4계절 느낌에 어울리는 천을 참여자가 고른다. 이렇게 고른 천을 치료 공간 안에 봄, 여름, 가을, 겨울로 지정한 영역에 펼쳐 놓고 그 영역을 다양하게 꾸민다.

(3) 3단계: 4계절 느낌 몸으로 경험하기

각 계절 영역으로 이동해 치료사가 참여자와 함께 천을 던지거나 천 위에 눕거나 천으로 몸을 감싸는 등 다양한 방식으로 계절의 움직임을 표현하고 느껴 본다. 흰 천으로 참여자를 향해 바람을 일으키고 입으로 바람 소리를 내면서 겨울의 추운 바람을 느끼게 하는 식이다.

(4) 4단계: 가장 인상적인 계절 느낌 찾기

활동의 전체 소감과 내가 느끼고 경험한 것을 함께 나눈다.

2) 4계절 움직임 놀이 예시

(1) 4계절 느낌 연상하기

참여자가 계절 느낌을 선뜻 떠올리지 못한다면 치료사가 "봄의 풍경을 상상해 보세요. 벚꽃잎이 떨어지고 사람들의 옷이 가볍고 공기도 따뜻해요."라는 식으로 말하며 참여자가 구체적으로 상상할 수 있도록 돕는다. 이때 참여자가 더욱 풍성한 상상을 할 수 있도록 치료사는 다양한 상황을 제시한다.

(2) 4계절 느낌 표현하기

매체 종류는 다양할수록 좋다. 같은 색깔이라도 다른 질감의 천 등이 필요하다. 공단 소재의 빨간색과 샤 소재의 빨간색은 느낌이 다르다. 공단 소재는 무게가 있고 색이 진하고 부드러우며, 샤 소재는 무게가 가볍고 반투명이고 까슬거려서 다른 이미지를 연상시킨다.

이때 참여자가 천의 느낌과 자연의 느낌을 잘 연결하지 못하더라도 치료사가 먼저 개입해서는 안 된다. 예를 들어, 까만 공단 천을 고른 참여자가 '여름의 느낌'이라고 말한다면 참여자에게 "까만 공단 천이 왜 여름을 떠올리게 하나요?"라고 먼저 물어야 한다. 개인이 연상하는 이미지는 개인적, 집단적 무의식을 다 포함하고 있어서 섣불리 판단할 수 없다.

(3) 4계절 느낌 몸으로 경험하기

참여자가 말했던 각 계절의 느낌을 기억하고 치료사의 몸짓, 소리, 천의 움직임, 질감 등을 활용해 참여자가 이 느낌을 몸으로 경험할 수 있게 한다. 감각이 둔한 참여자를 최대한 많이 자극하는 것이 목표이므로 다양한 방식으로 경험할 수 있도록 한다.

참여자에게 먼저 계절의 움직임을 하도록 권유할 수도 있다. 이때 참여자가 표현하는 계절의 움직임을 치료사도 함께 모방해 본다. 집단 구성원이 많다면 한 사람의 움직임을 모두 모방하여 함께 움직이는 식으로 계속해서 감각 자극 경험을 유도한다.

(4) 가장 인상적인 계절 느낌 찾기

> **후기**
>
> 4계절 움직임 놀이를 경험했던 한 참여자가 인상적인 계절 느낌을 "시원하다." 라고 표현한 적이 있다. 그는 자신의 감정을 억압하며 제대로 표현하지 못하고 살고 있었다. 그런데 자기가 좋아하는 자연의 느낌을 천의 색감과 질감, 움직임을 통해 느끼면서 내면의 굳어 있던 에너지가 자극받았다. 그리고 내면의 에너지가 흐르기 시작했을 것이다. 참여자가 이 내면 작용을 '시원함'이라는 감각 언어로 표현했다는 것이 참 반가웠다.

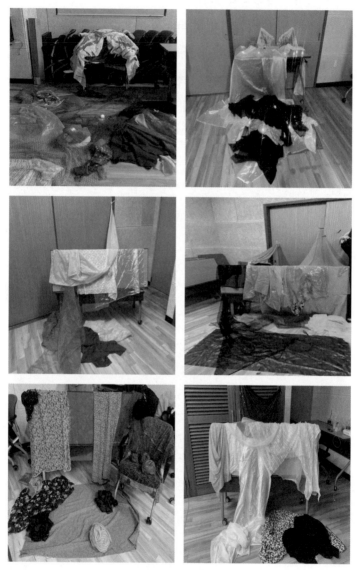

천으로 표현한 4계절의 느낌

봄의 느낌 움직임

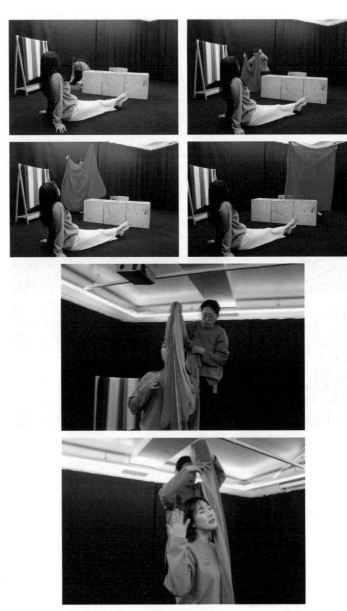

여름의 느낌 움직임

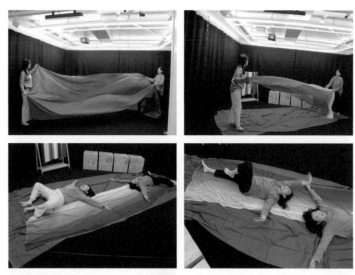

여름의 바다 움직임

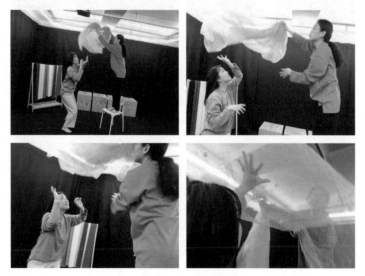

가을의 느낌 움직임

겨울의 느낌 움직임

제5장

몸 알아채기

1 나의 몸과 대화하기

나의 몸과 대화한다는 것은 몸이 다양한 형태로 전달하는 신호를 민감하게 알아챈다는 의미다. 우리가 흔히 말하는 '마음 챙김'은 마음이 하는 말을 알아채는 것이다. 마음 챙김을 할 때 우리는 관찰자의 시점에서 끝없이 떠오르는 생각을 거리 두고 바라보면서 생각 너머 고요한 평화를 발견할 수 있다. 현재 나의 마음 상태 및 '지금 여기'의 현존 감각을 느끼면서 고요해지는 것이다.

마찬가지로 몸이 하는 말을 알아채는 '몸 챙김'을 통해서도 나의 몸 상태와 '지금 여기'를 느낄 수 있다. 지금 눈을 감고 몸의 상태를 느껴 보자. 관찰자의 시점에서 몸의 작용을 바라보며 몸이 하는 소리에 귀를 기울이면 몸 어디가 불편한지, 편안한지, 불편한 부위의 감각은 구체적으로 어떠한지를 생생하게 느낄 수 있다.

눈·코·입, 뇌, 척추, 골반, 장기, 등·허리, 팔·다리, 손·발은 다 편안한 느낌인가? 대체로 편안함은 적절하다는 느낌이다. 지나치게 뜨겁거나 차갑지 않고 비뚤어져 있거나 꼬여 있지 않다. 모든 신체 부위가 잘 협응하여 신체 작용이 안정적으로 유지되고 있다. 반면 불편함을 느낀다면 그 감각은 어떤 느낌인가? '틀어져 있다.' '꼬여 있다.' '한쪽으로 비뚤어졌다.' 혹은 뜨겁거나 차가울 수도 있고 콕콕 찔리는 느낌이거나 움찔거릴 수도 있다.

어느 신체 부위가 불편하다고 느꼈다면 이번에는 불편한 신체 부위의 느낌이 왜 발생하는지 알아보자. 불편한 신체 부위의 느낌은 몸이 실시간으로 내게 보내고 있는 정보다. 이 신호를 잘 살펴보면 현재 내 생활 습관, 건강 상태뿐 아니라 내 생각과 감정이 어떤 모양새를 하고 있는지도 알아챌 수 있다. 어떤 생각과 감정을 느낄 때 우리의 몸은 그 생각과 감정에 반응하기 때문이다. 생각, 감정, 몸은 서로 연결되어 있다.

예를 들어, 당신이 사랑하는 사람과 헤어져서 몹시 슬프다면 몸의 자세는 어떻게 될까? 몸은 앞으로 굽고 가라앉으며 바닥에 가까워진다. 내면의 슬픔이 잘 흘러가도록 몸이 취하는 자세다. 이 자세를 통해 몸은 당신의 슬픔을 표현하려고 애쓴다. 슬픈 사람이 꽉 쥐고 있던 주먹을 풀고 울기 시작하면 몸은 이완되기 시작한다. 그런데 감정이 흐르지 못하게 막는다면 몸과 마음의 건강에 큰 타격을 입는다. 흘러가지 못하고 내 몸 어딘가에 저장된 슬픔은 축 늘어진 어깨, 굳은 입매, 느린 대장 운동 등의 형태로 나타나 '불편한 몸의 감각'으로 느껴질 것이다.

근심과 걱정에 사로잡혀 끝없이 고민하는 사람은 어떠한가? 이 사람의 뇌는 온도가 올라간다. 지끈거리는 편두통이 오거나 위장을 콕콕 찌르는 듯한 느낌이 들 수도 있다. 뜨거운 뇌와 달리 몸은 힘없이 늘어지고 호흡이 얕다. 지금 당신이 지나치게 많은 걱정을 하고 있다고 몸이 신호를 보낸다. 이때 심호흡을 크게 하여 뇌에 산소를 공급하면 생각이 잠시 끊어지고 뇌와 위장도 편안해신다.

나를 화나게 하는 대상과 상황을 떠올리면 어떻게 되는가? 어깨, 목이 굳기 시작하고 가슴이 위로 들린다. 팔이 겨드랑이 쪽으로 붙으면서 상체는 언제라도 나를 화나게 만든 대상과 싸울 수 있도록 전투태세로 바뀐다. 서 있는 두 다리에도 힘이 들어가고 눈매는 사나워지고 미간이 찌푸려진다. 그런데 상황이 바뀌거나 화나게 한 대상에게 분노를 표현하고 나면 전투태세는 해제되고 몸은 평상시 상태로 돌아온다.

이처럼 특정한 상황에서 내 몸이 어떻게 반응하고 있는가를 잘 살펴보면 몸과 마음의 상호 연관성을 쉽게 눈치챌 수 있다. 물론 몸이 너무 경직되거나 아프다면 몸의 신호를 알아채기 힘들수도 있다. 중요한 것은 생각과 감정의 에너지가 실제로 몸에 영향을 미친다는 사실을 이해하는 것이다.

그런데 모든 사람이 비슷한 상황에서 똑같은 신체 반응을 보이는 것은 아니다. 사람마다 생각과 감정을 표현하는 방식은 다르고 몸의 반응도 다르다. 이 반응은 그 사람의 생각, 감정, 몸이 서로 어떤 방식으로 연결되어 있는지 알려 주는 단서가 된다. 생각, 감정, 몸이 연결된 이 고유한 시스템에 대해 이해하면 우리는 고유한 몸의 언어를 이해할 수 있다. 이제 우리는 자기 몸과 대화를 시작할 수 있다.

2　몸이 말하는 진짜 감정

　　연극치료사는 참여자 몸의 자세, 형태, 상태, 에너지, 행동 양상 전체를 관찰하면서 스스로 찾지 못하거나 숨기고 있는 마음의 진실을 알아챌 때가 많다. 참여자는 때때로 자기가 하는 말에 속아 자기기만의 모습을 보이기도 한다. 어떤 일이 내가 생각하고 말하는 대로 이루어지기를 바라기 때문에, 나의 어떤 모습은 내가 인정하고 수용할 수가 없어서, 어떤 사람이나 상황의 진실을 도저히 믿을 수가 없어서 등 다양한 이유로 여러 가지 형태의 거짓을 말한다. 그래서 언어 분석을 통해 참여자의 말 안에 복잡하게 얽혀 있는 진실과 거짓의 관계, 의식과 무의식의 작용을 밝혀낸다.

　　하지만 언어 분석을 할 줄 모르더라도 빠르게 상대의 진실을 파악하는 방법이 있다. 그 사람의 몸의 언어를 살펴보면 된다. 문화 다양성을 배제한 '보디랭귀지(body language)'가 모든 나라에서 통용될 수 있는 이유는 몸이 직관적이고 보편적으로 의사를 전달할 수 있는 도구이기 때문이다. 몸의 표현은 직관적이기 때문에 내면에서 올라오는 생각과 감정을 그대로 표현할 가능성이 높다.

　　포커페이스를 잘 유지하는 사람도 '미세 표정'까지 숨기기는 어려운데, 미세 표정이란 감정이 올라올 때 제어할 틈도 없이 본능적으로 짓게 되는 표정을 말한다(이동엽, 2013). 이렇듯 몸은 순간적으로 스쳐 지나는 표정으로도 마음의 진실을 휙 보여 준다.

게다가 무표정으로 마음을 숨길 수는 있어도 맥박, 호흡, 동공의 크기, 장기의 진동, 미세한 근육 떨림까지 가장할 수 있는 사람은 거의 없다. 거짓말 탐지기를 신뢰할 수 있는 근거이기도 하다. 분노를 감추고 있는 사람이 남을 속일 수는 있어도 분노에 반응하여 나타나는 다양한 신체 작용까지 통제할 수는 없다.

이처럼 몸의 표현은 때때로 언어와 생각이 교묘하게 숨기고 있는 내면의 진실을 드러낼 때가 많다. 그래서 누군가 몸의 표현과 하는 말이 서로 다르다면 우리는 그의 언어를 귀담아들으면서 동시에 몸의 표현에도 주의를 기울여야 한다. 또한 감정을 스스로 인식할 때도 다양한 사고 작용이 개입하여 왜곡된 인식을 갖게 되는 경우가 있다. 이때에도 몸이 표현하는 감정에 주의를 기울이면 현재 느끼는 감정의 정확한 실체를 알게 될 때가 많다.

제1부에서 나는 집단이 만든 안전한 울타리 안에서 몸의 부딪침을 통해 진짜 감정을 알아챘다고 했다. 감정은 3단계에 걸쳐 변화했다. 평상시에는 대체로 우울한 얼굴에 웃는 표정일 때가 많았다. 가만히 있을 때는 미간을 약간 찌푸린 우울한 느낌이지만 사람을 만날 때는 마음을 들키지 않으려고 웃는 표정을 지었다.

집단이 만든 울타리 안에서 도망치려 할 때는 나를 붙잡는 팔을 밀어내려고 온몸을 버둥대면서 화를 냈고, 힘이 빠져 집단 안에 가만히 웅크리고 있을 때는 초라하고 작은 아이가 되어 외로

움과 두려움을 강하게 느꼈다. 평상시 느리게 움직이며 자주 웃
는 모습만 보던 사람들은 나의 내면에 무언가 우울한 것이 있다
고 느꼈더라도 그것이 폭발적인 분노와 앙상한 슬픔인지 몰랐을
것이다. 나도 어렴풋이 짐작은 했으나 정확한 모양새를 알지 못
했다.

그런데 몸을 통한 만남이 만드는 시너지 효과 덕분에 처음으
로 진짜 감정이 늪과 같은 우울의 수면 위로 올라왔다. 감정이 밖
으로 나가지 못하게 막는 억압의 몸, 집단 앞에서 버둥대는 나의
몸은 내가 숨기고 싶었던 분노의 표현이었다. 어느새 안전하게
막아 주는 느낌이 들었던 몸, 집단 안에서 웅크린 채 "무서워."라
고 처음 입 밖으로 꺼내 본 말은 밑바닥의 두려움이었다.

이처럼 몸과 몸이 부딪치는 작용을 통해 몸의 감각을 새롭게
깨우고 내면의 깊은 감정까지 건드릴 수 있었고, 이러한 감정은
몸의 표현으로 드러났다. 감정은 복합적이고 미묘해서 언어로
전부 표현하기 어려울 때가 많다. 때로 말 없는 몸의 표현이 그
사람의 진짜 감정을 진실되게 전달하기도 한다.

연극치료사는 이러한 몸과 언어의 괴리, 몸이 표현하는 진짜
감정을 함께 찾아가면서 자기 몸이 하는 말을 참여자가 스스로
알아챌 수 있도록 돕는다. 참여자가 자기 몸과 언어, 생각, 감정
의 괴리를 알아채고 서서히 통합해 가는 과정은 치료의 중요한
부분이다. 감각을 깨워 외부 정보를 받아들이면서 나의 세상과
생생하게 교감하기 시작했다면 이제 실시간으로 내 몸, 감정, 생
각에 대한 정보를 보내는 몸의 말에 귀 기울여 보기를 바란다. 그

러면 언제나 내게 말을 걸고 있는 나의 몸을 발견할 것이다.

　지금까지 몸의 표현을 통해 알 수 있는 몸과 언어의 괴리, 진짜 감정에 대해 알아보았고 이 알아차림이 왜 중요한지를 살펴보았다.

　실제 프로그램과 작업 예를 살펴보면서 몸이 말하는 진짜 감정과 속마음 인식에 대해 알아보자.

실습 프로그램: 다양한 걷기

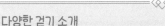

다양한 걷기 소개

다양한 걷기 활동은 연기 훈련에서 행하는 방법으로 자신의 심리, 감정 상태를 걸음걸이로 표현하거나, 특정 인물의 걸음걸이를 모방하여 그 인물을 형상화하기도 한다. 때로 특정 공간 및 상황에서 어떻게 걸을 것인지 상상하여 그 걸음걸이를 표현하기도 한다.

다양한 걷기 활동을 포함하여 자신의 심리, 감정 상태를 몸으로 표현할 때 치료사는 참여자의 몸과 언어가 서로 어긋나는 지점에 주의를 기울이고 참여자의 몸이 표현하고 있는 마음의 상태를 알려 줄 수 있다.

이때 처음부터 "당신의 말과 생각, 몸이 일치하지 않는다."라고 말한다면 참여자는 반감을 갖고 수용하지 못할 가능성이 높다. 하지만 몸에 관련된 활동을 하면서 본인이 스스로 괴리를 느끼게 한다면 치료사의 개입을 수용할 여지가 많아지고 자기 성찰도 깊어질 수 있다.

1) 다양한 걷기 프로그램

> **목표**
> ① 나의 기분을 몸으로 표현해 본다.
> ② 기분을 바꾸는 몸의 표현을 찾아본다.
> ③ 활동에서 알게 된 것을 성찰한다.

(1) 1단계: 현재 기분 걸음걸이로 표현하기

현재 몸과 마음의 상태를 알아보기 위해 지금의 기분을 걸음걸이로 표현해 보도록 한다.

(2) 2단계: 걷기 모방하기

치료사가 참여자의 걸음걸이를 모방한다. 참여자가 자신의 기분과 고유한 표현 방식을 객관적으로 보게 하려는 것이다.

(3) 3단계: 새로운 걸음걸이 시도하기

참여자에 따라 새로운 걸음걸이를 시도해 볼 수 있다. 현재와 반대되는 기분을 표현해 본다거나 현재 기분을 다른 걸음걸이로 표현해 볼 수 있다. 혹은 배우 훈련과 같이 아무런 감정을 담지 않은 중립 상태로 걸어 볼 수도 있다.

(4) 4단계: 전체 소감 및 내가 느끼고 경험한 것 나누기

활동의 전체 소감과 내가 느끼고 경험한 것을 함께 나눈다. 일상과의 연관성을 찾아본다.

2) 다양한 걷기 예시

(1) 현재 기분 걸음걸이로 표현하기

사람마다 고유한 표현 방식이 있지만 기본적인 동작의 성질은
비슷하다. 예를 들어, 화난 사람은 발로 땅을 차면서 쿵쿵 소리를
내며 걷거나 빠르게 움직일 것이다. 만약 화난 기분을 표현하는
사람이 힘없이 느리게 걷는다면 화난 기분 이면에 있는 자괴감,
자책, 절망감 등이 진짜 감정일 수 있다.

이때 치료사는 그 사람에게 평상시 어떻게 분노를 표현하는지
물어보는 것이 좋다. 정확한 진단을 위해서는 종합적인 정보가
필요하다. 이는 치료사에게 모든 투사 활동을 해석할 때 필요한
자세다.

(2) 걷기 모방하기

몸짓을 모방할 때 참여자의 기분이 상할 수 있다는 것을 유념
해야 한다. 우리는 종종 놀리려는 목적으로 상대를 따라 하기 때
문이다. 거울처럼 객관적으로 자기를 보기 위한 장치인 것을 명
확히 밝혀야 한다.

그러므로 치료사는 어떠한 의도를 갖지 않고 정확히 참여자의
몸짓을 모방하는 것이 필요하며, 참여자가 자신의 표현을 더 자
세히 볼 수 있도록 동작을 크게 하여 변형하는 것이 좋다.

심리 관찰 카메라와 같이 자신의 무의식적 행동을 영상으로 기록하여 보게 되면 자기 성찰이 일어나는 경우가 있다. 거울 놀이와 같은 모방은 기록 영상에서 더 발전하여 참여자가 스스로 인식하기 어려운 내면의 정서, 생각까지 모방하여 보여 준다.

걷기를 하다가 순간 정지하여 걷기 자세를 고정할 수도 있다. 자세를 고정하는 이유는 몸의 언어를 정제된 형태로 볼 수 있기 때문인데, 이를 신체 조각상이라고 일컫는다. 끊임없이 움직이는 동작을 순간적으로 멈추고 그 자리에 섰을 때 멈춘 자세에서도 그 동작의 에너지와 다양한 정보를 알아챌 수 있으며, 움직이는 동작보다 오히려 더 선명하게 느껴지기도 한다.

(3) 새로운 걸음걸이 시도하기

새로운 걸음걸이를 치료사가 제안하고 함께 시도할 때 이전의 걸음걸이가 이상하다는 전제로 접근해서는 안 된다. 본래 걸음걸이도 이유가 있다. 그래서 새로운 걸음걸이를 시도할 때 참여자가 불편감을 느끼거나 자연스럽게 걸을 수 없다면 본래 걸음걸이와 연관된 감정적, 심리적 메시지를 먼저 살펴보아야 한다.

참여자가 빠르게 변화하여 달라진 모습으로 살아가고 싶을지라도 그의 몸이 전하고자 하는 메시지는 다를 수 있다. 이때 치료사는 참여자의 의지에 앞서 실제 몸이 전하고자 하는 메시지에 귀 기울여 보자고 권하는 것이 필요하다.

(4) 전체 소감 및 내가 느끼고 경험한 것 나누기

후기

때때로 우리는 한 방향으로 힘차게 걸어가면서도 마음은 반대 방향으로 멀어진다. 혹은 마음으로는 힘차게 걷고 싶은데 발이 질질 끌리기도 한다. 한없이 가벼운 발걸음이 마냥 좋은 것도 아니다. 땅을 딛는 감각을 느끼지 못할 수도 있다. 이러한 생각과 신체의 부조화는 일상에서도 나타날 수 있다. 그럴 때 우리는 몸이 전하는 메시지에도 귀를 기울이는가? 몸이 전하는 진짜 마음과 감정의 상태를 인식해야 몸과 마음 통합에 이르는 치료 여정이 시작될 수 있다.

다양한 걷기

걸음걸이로 기분 표현하기

제6장

몸으로 역할 표현하기

1 몸에 새겨진 삶의 흔적

　그 사람의 체형, 자세, 시선, 표정과 걷고 말하는 방식, 청결 상태와 영양 및 건강 상태, 분위기까지 '몸'은 정말로 그 사람 전체를 담고 있다고 해도 무방할 것이다. 그런데 오늘 나의 몸은 하루 아침에 만들어진 것이 아니다. 내 몸은 내가 살고 있는 인생, 살아온 인생을 반영한다. 그리고 앞으로 살아갈 인생까지 현재 내 몸의 상태를 보고 예측할 수 있다. 단적인 예로 알코올 중독자의 망가진 몸은 하루 이틀의 음주로 만들어지지 않는다. 그리고 특별한 계기가 있어 굳은 결심을 하거나 제대로 된 중독 치료를 받지 않는다면 그의 음주 습관이 저절로 사라지지는 않을 것이다.

　나의 몸에는 이처럼 과거·현재·미래가 하나의 흐름으로 중첩되어 자리 잡고 있다. 과거는 기억의 형태로 저장되고 미래는 가능태의 형태로 저장된다. 현재 나의 몸은 과거 어느 시점에 형성되기 시작한 삶의 흐름대로 살고 있고 매 순간의 선택에 따라 향후 형태가 달라질 것이다. 몸의 형태는 지금처럼 살기를 선택하면 그대로일 것이고, 다르게 살기를 선택하면 그 선택에 맞게 달라질 것이다. 그러므로 우리는 더 나은 미래의 가능성을 선택하기 위해서 먼저 과거의 흐름이 고스란히 흔적으로 남아 있는 현재의 몸을 살펴볼 필요가 있다.

나의 몸에는 살아온 과거의 행적이 다양한 형태로 저장되어 있다. 사람은 40세 이후부터 자신의 살아온 흔적이 드러나는 얼굴을 책임져야 한다는 말이 있다. 이것이 '인상'이다. 지금 거울에 얼굴을 비춰 보자. 인상은 어떠한가? 얼굴 생김새가 아니라 얼굴의 느낌을 본다. 얼굴의 느낌을 찾았다면 왜 그러한 느낌이 나는지 잠시 돌아보자. 또한 나의 몸 구석구석 찬찬히 살펴보면 내가 살아온 흔적을 새삼스럽게 발견하게 된다. 찌푸린 미간, 불편한 무릎, 고장 난 허리, 움츠린 어깨, 퍼석한 피부나 메마른 입술은 제각기 내 삶의 여러 이야기를 담고 있다.

지금 내 몸은 나의 고통과 슬픔, 분노와 무력함을 표현하고 있을 수 있다. 그와 관련된 떠올리기 싫은 이야기가 떠오를 수도 있다. 하지만 몸에 저장된 이야기에 주의를 기울이고 빛을 비추지 않으면 그 이야기는 진득한 감정이 되어 무의식 깊숙이 가라앉고 몸과 마음을 병들게 하는 독소가 된다. 그저 내 몸에 빛을 비추는 것이다. 숨겨져 있던 것이 드러날 수 있겠지만 그것은 계속 모른 체한다고 해서 사라지지 않는다. 몸에 새겨진 이야기에 "괜찮다."라고 말해 주기를 바란다. 우리는 점차 몸을 느끼고 알아가고 친해지는 중이다. 이 모든 과정이 몸과 마음의 치유를 위해 나아가는 여정이다.

한편 이 삶의 흔적들은 우리의 몸에 어떻게 저장되었을까? 온몸의 세포는 7년이 지나면 전부 새롭게 교체된다고 한다. 사실상 7년마다 새로운 몸이 되는 것이다. 그런데 왜 지난 습관들은 함께 사라지지 않을까? 고정된 생각, 감정, 신념 체계로 이루어진

자아 정체성이 우리 몸에 자리 잡았기 때문일 것이다. 몸은 시시
각각 새롭게 거듭나지만 내가 나 자신을 인지하고 해석하는 기
준이 되는 자아 정체성은 변하지 않는다. 이러한 자아 정체성을
파악해야 몸에 새겨진 삶의 흔적도 다룰 수 있다. 그러므로 살아
온 인생, 가치관, 삶을 대하는 태도, 자아 이미지, 그로 인해 형성
된 삶의 환경, 대인 관계 양상, 일상에서 일어나는 사건들의 본질
등을 전반적으로 파악하는 것이 필요하다.

연극치료에서도 다양한 방식으로 몸에 새겨진 삶의 흔적을 발
견하고 연관된 자아 정체성을 찾아가는 작업을 한다. 역할을 통
한 접근법도 그중 하나다.

역할 접근법을 쉽게 이해하기 위해 연극에서 '배역'을 맡아 연
기하는 배우를 생각해 보자. 이 배우가 "저는 이번 공연에서 어머
니 배역을 맡은 ○○○입니다."라고 자신을 소개한다. 이때 그는
자신이 연기하는 어머니의 역할, 사회에서 ○○○이라는 이름으
로 불리는 배우의 역할을 동시에 말했다. 시간이 중첩되어 몸에
서 드러나는 것처럼 역할도 중첩되어 몸에서 드러난다. 나는 연
극에서 어머니 역할을 연기한다. 나는 사회에서 배우의 역할로
살고 있다. 내 몸에 직업인 배우, 허구의 인물 '어머니'라는 역할
이 중첩되어 나타난다. 즉, 무대에서 나의 몸은 '어머니를 연기하
는 배우'의 모습일 것이다.

그런데 같은 배역을 연기하더라도 배우마다 인물을 이해하는
방식, 표현 방식이 다르다. 허구의 인물을 눈에 보이는 존재로 만
들 때 그 배역 창조는 배우 자신이 하기 때문이다. 그러므로 그

배역에서 배우의 개성이 드러나지 않을 수 없다.

또한 그는 체형, 목소리, 말투, 걸음걸이, 눈빛, 표정, 사소한 몸짓 습관까지 고려하여 배역을 표현한다. 그래서 우리는 무대 위의 배우 몸짓을 보고 연극 속의 인물이 어떻게 살아왔는지 그 인생을 짐작할 수 있다.

그렇다면 배우가 배역을 연기하듯이 참여자에게 극적 인물을 맡아 연기해 보라고 할 때 우리는 무엇을 알 수 있을까? 참여자가 극적 인물을 어떻게 이해하고 창조하며 연기하는가에 따라 그 사람이 어떤 사람인지 파악할 수 있다. 연기를 하는 동안 몸에 달라붙어 있는 고유한 습성이나 살아온 인생의 모습이 언뜻 드러나기도 한다. 이처럼 그의 개성, 자아 정체성이 역할 연기를 통해 드러난다.

2 극적 인물과 소통하기

　배역을 보다 더 깊게 이해하고 마치 나의 인생인 것처럼 받아들이며 온몸으로 연기할 때 우리는 그 배우를 '명배우'라고 부른다. 이들은 배역을 더욱 깊이 연구하면서 내 몸으로 어떻게 표현할 것인지 고민한다. 이 과정을 '배역과 친해지는 과정'이라고 한다. 배우는 드라마에서 자신이 맡은 배역을 언급하며 종종 "○○○은 이런 사람이에요."라고 설명할 때가 있다. 마치 잘 알고 있는 지인을 소개하는 것 같지 않은가? 이때 배우와 배역이 서로 소통하고 있다고 볼 수 있다.

　연극치료에서 참여자가 극적 인물을 연기할 때도 마찬가지다. 참여자와 극적 인물이 서로 소통하게 된다. 참여자는 극적 인물을 연기하면서 극적 상황 속에서 극적 인물이 경험하는 욕구, 감정 등을 느낀다. 한편 극적 인물의 언행을 통해서 숨겨진 자기 욕구, 감정 등을 알아채기도 한다.

　예를 들어, 내가 실제로 우울증을 앓고 있는데 우울증을 앓고 있는 극적 인물을 연기한다고 가정해 보자. 그 인물이 나와 닮긴 했으나 진짜 나는 아니기 때문에 '이런 점은 나와 닮았다.' '이런 점은 나와 다르다.'라는 것을 연기하면서 느끼게 된다. 그러면서 '이 인물은 이런 이유로 우울증을 앓게 되었구나. 나는 어떻지?'

2. 극적 인물과 소통하기 (101)

'나는 이 인물만큼 괴로운 것은 아니구나' '이 인물은 이런 선택을 했는데 나는 어떤 선택을 하고 싶을까?' 등과 같이 극적 인물이 경험하는 상황, 생각과 감정, 관계성 등에 빗대어 나 자신을 바라볼 수 있다.

이처럼 참여자와 극적 인물이 서로 소통할 때 참여자는 극적 인물에 빗대어 자신을 돌아보고 극적 인물을 이해하기도 하면서 자신을 좀 더 객관적으로 바라보게 된다. 심리적 문제로 고통받는 사람은 대체로 그 문제에 붙들려 자신을 객관적으로 관찰할 마음의 여유가 없다. 하지만 극적 인물을 연기하는 동안에는 내 문제를 좀 더 편안하고 정확하게 바라볼 수 있다. 그리고 자신을 더욱 안전하게 드러내거나 자신의 여러 면모를 자유롭게 탐색할 수 있다.

그런데 극적 인물을 연기할 때 나의 몸으로 그 인물을 표현한다는 것을 잊지 말아야 한다. 극적 인물이 극적 상황에서 할 법한 언행을 내 몸으로 표현하는 동시에 극적 인물이 극적 상황에서 경험하는 것을 내 몸으로 느낀다. 배역을 연기하며 자신을 정확하고 안전하게 탐색하는 행위도 내 몸을 통해 이루어지고 있다.

지금까지 살아온 인생, 지금 여기, 살아갈 인생의 흐름을 드러내는 내 몸의 흔적들과 고정된 자아 정체성에 대해 알아보았다. 그리고 극적 인물을 이해하고 고유한 방식으로 표현하면서 극적 인물을 통해 자신을 탐색할 수 있다는 것도 알아보았다.

실제 프로그램과 작업 예를 살펴보면서 극적 인물을 몸으로 표현하고 나를 탐색하는 과정에 대해 알아보자.

실습 프로그램: 이야기 역할 경험

이야기 역할 경험 소개

이야기 속 인물을 연기함으로써 역할 경험을 할 수 있다. 이야기는 동화, 신화, 민담, 희곡, 소설, 시나리오에 이르기까지 제한이 없다. 하지만 동화, 신화, 민담의 인물과 같이 전형적인 인물을 먼저 경험하는 것이 좋다. 오랫동안 전해 내려오는 이야기는 집단의 무의식이 담겨 있고, 이러한 이야기 속 인물을 연기하면 집단의 무의식과 맞닿아 있는 내 모습을 쉽게 발견할 수 있다.

이야기를 듣거나 말하는 것만으로 역할 경험을 할 수 있지만 몸을 움직여 실제로 연기해 보면 참여자는 내 몸으로 표현하는 인물이 어떠한 성격인지 더욱 확실하게 느낄 수 있다. 막연하게 '나와 닮았다'고 여겼던 인물인데 실제로 연기해 보면 나와 다른 점이 많다는 것을 느낄 수 있다. 또한 나와 비슷한 인물일지라도 그 인물을 표현하는 방식은 저마다 다르다. 나의 몸은 내게 익숙한 형태로, 내가 살아왔던 방식대로 이야기 속 인물을 표현한다.

이렇게 이야기 속 인물을 고유한 방식으로 표현하는 내 몸을 살펴보면서 역할 경험 속의 나 자신을 성찰한다.

1) 이야기 역할 경험 〈선녀와 나무꾼〉 프로그램

> **목표**
> ① 〈선녀와 나무꾼〉의 각 인물을 이해한다.
> ② 선택한 인물을 자유롭게 표현한다.
> ③ 역할 경험에서 알게 된 것을 성찰한다.

(1) 1단계: 배역 선택하기

〈선녀와 나무꾼〉 이야기를 들려주고 인상적인 장면을 묻는다. 인물에 대한 소감을 나누면서 참여자의 극적 인물에 대한 인식을 살펴본다. 참여자는 자신이 연기할 배역을 고른다.

(2) 2단계: 이야기에 기반한 즉흥극 '장면 극화하기'

참여자가 고른 인물을 연기하면서 자유롭게 인물을 해석하고 표현할 수 있도록 돕는다. 때로 원작과 다른 방향으로 장면이 전개될 때도 있지만 참여자가 자기 역할에 몰입하여 연기하고 있다면 그 방향대로 장면을 진행한다. 반면에 지나치게 전형적이거나 소극적인 방식으로 연기한다면 다른 방식으로 장면을 극화해야 한다.

(3) 3단계: 전체 소감 및 내가 느끼고 경험한 것 나누기

활동의 전체 소감과 내가 느끼고 경험한 것을 함께 나눈다. 일상과의 연관성을 찾아본다.

2) 이야기 역할 경험 예시

(1) 배역 선택하기

참여자가 자신의 배역을 고르지 못하면 치료사가 참여자와 닮은 인물을 연기하도록 권유한다. 때로 참여자와 닮지 않은 반대 역할이나 참여자에게 필요하다고 여겨지는 역할을 권하기도 한다. 어떤 역할이든 참여자의 자기 인식에 도움이 되는 역할을 권한다. 또한 집단 작업의 경우에 각 구성원이 합의하여 배역을 고르거나 한 명의 참여자가 연출되어 각 구성원에게 역할을 배분할 수도 있다. 이러한 역할 선택 과정에서 집단 역동이 생기고 치료적 개입의 여지가 많아진다.

역할 선택 이전에 간단한 활동을 통해 배역의 이해를 돕기도 한다. 예를 들어, 선녀 · 나무꾼 · 시어머니 · 사슴 · 사냥꾼 등 〈선녀와 나무꾼〉에 등장하는 주요 배역을 모두 경험해 볼 수 있도록 하는 것이다. 이때 장면 연기가 아니라 간단한 동작과 대사를 통해 배역을 경험하게 한다. 전체 배역에 대한 기본적인 이해만 있어도 되기 때문이다.

(2) 장면 극화하기

때로 참여자가 자기가 고른 인물을 전혀 다른 방식으로 연기할 때도 있다. 예를 들어, 〈흥부와 놀부〉에서 흥부 역을 고른 참여자가 실제 극화에서는 마치 놀부처럼 연기할 수도 있다. 이때 치료사는 참여자를 다양하게 진단할 수 있다. 참여자의 실제 모습이 놀부에 가깝다고 예측하거나 그럼에도 참여자가 흥부 역할을 고른 이유를 추측할 수 있다. 이 사실을 토대로 연극이 끝난 후에 참여자와 함께 다양한 성찰을 나눌 수 있다.

한편 지나치게 상투적이거나 소극적인 연기를 할 때는 극을 중단하고 배역을 새로 고르게 하거나 간단한 동작과 대사로 연기하게 하는 등 다른 방식으로 역할을 표현하도록 돕는다.

(3) 내가 느끼고 경험한 것 나누기

후기

〈선녀와 나무꾼〉 연극을 함께했던 참여자 중에서 상대방을 비난하고 원망하는 형태를 취하는 참여자가 많았다. 하지만 그들의 표현 양상은 제각기 달랐다. 누군가는 시선으로만 비난했고 누군가는 공격적인 손짓과 거친 말로 원망을 쏟아냈으며 누군가는 그냥 외면해 버렸다. 또한 상대가 자신을 떠날 것을 두려워하여 상대방에게 매달리는 참여자도 있었다. 이들은 상대방에게 바짝 붙어 있거나 팔을 붙들었고 불안한 표정으로 시선을 떼지 못했다.

이렇게 역할 경험을 통해 내면에 쌓인 원망과 분노, 불안과 두려움, 사랑받고 싶은 마음을 온전하게 느끼고 내가 어떤 방식으로 그것을 표현하고 있는지 스스로 성찰할 수 있다.

그리고 만약에 나무꾼을 연기하는 참여자가 진짜로 원하는 것이 사랑하는 아내가 자신을 떠나지 않는 것이라면 지금과 같은 형태로는 아내를 붙잡을 수 없다는 것도 알게 된다. 자신이 삶에서 주로 표현하는 역할과 진실로 원하는 것이 서로 맞지 않음을 스스로 알게 된다. 그렇다면 현재 역할을 바꾸거나 원하는 바를 바꿔야 한다.

이처럼 참여자는 몸으로 이야기 속 인물을 경험하면서 살아온 인생의 모습과 나아갈 미래의 모습에 대해 새롭게 성찰하는 계기를 갖는다.

몸의 형태로 역할 표현하기: 〈선녀와 나무꾼〉 원망과 질책

몸의 형태로 역할 표현하기: 〈선녀와 나무꾼〉 애원과 거부

몸의 형태로 역할 표현하기: 〈선녀와 나무꾼〉 화해와 사랑

제 7 장

몸의 표현 바꾸기

새로운 몸의 표현 경험하기

마음이 변하면 몸의 자세가 변하고 반대로 몸의 자세가 변하면 마음이 변하기도 한다. 하루하루 즐겁게 살아가는 사람이 있었다. 웃는 인상이었고 가슴을 펴고 시선은 앞을 향해 있었다. 그런데 이 사람에게 어떤 사건이 생겨 일상을 지옥처럼 느끼게 되었다. 그의 모습은 어떻게 변할까? 꽉 다문 입매, 찌푸린 미간, 처지거나 치켜 올라간 눈매, 위축된 어깨와 불안정한 시선을 상상할 수 있다.

그러던 어느 날, 그는 편안하게 쉴 수 있는 휴가를 얻게 된다. 잠시 일상과 떨어져 예전에 좋아하던 장소에 도착한 그는 오랜만에 기지개를 켠다. 오늘만큼은 아무것도 생각하지 않고 포근한 침대에 누워 온몸을 축 늘어뜨린다. 잠이 몰려오고 숙면과 함께 얼굴 근육의 긴장이 풀어진다. 그는 오랜만에 가슴 깊이 평화를 느끼고 있을지도 모른다. 만약 이 사람이 일상으로 돌아가 고통스러운 상황에서도 이 같은 이완을 의도적으로 시도해 본다면 어떨까?

불안과 고통, 분노와 슬픔이 몰려와 몸이 경직될 때마다 크게 숨을 마시고 내쉬며 기지개를 켜고 명상, 스트레칭, 가벼운 체조 등을 하며 몸의 이완에 집중하는 것이다. 물론 고통이 다 사라지지 않는다. 하지만 자기 몸과 마음을 조절할 수 있는 여유는 생길 것이다. 제1부에서 호흡으로 항암치료의 신체적 고통을 조절했던 어머니의 고통도 다 사라진 것은 아니었다. 하지만 항암치료에 대한 두려움과 불안은 어느 정도 사라졌다. 현재 상황을 자신이 통제할 수 없다는 불안은 경직된 몸을 더욱 위축시킨다. 이럴 때 깊은 호흡은 근육의 긴장을 풀어내면서 이 상황을 통제할 수 있는 내면의 힘을 다시 각인시킨다. 이처럼 마음이 몸에 미치는 영향, 몸이 마음에 미치는 영향은 상호 밀접하며 몸의 변형이 마음을 변화시키는 힘도 크다.

연극치료사는 이 사실을 잘 알고 있기에 참여자 몸의 표현을 바꾸는 것을 다양한 방식으로 시도한다. 거울 놀이, 다양한 걷기, 4계절 움직임 놀이에서 살펴보듯이 처음에는 참여자의 평상시 행동 패턴, 걸음걸이, 고착된 움직임을 살펴보고 점차 다른 성질의 행동, 걸음걸이, 움직임을 표현할 수 있도록 시도한다.

회기마다 치료사는 참여자가 몸을 통한 교감, 감각 활성화, 자기 몸에 대한 정확한 인식을 경험할 수 있도록 돕고, 나아가 몸의 변형도 경험할 수 있도록 시도한다. 극적 인물을 연기하면서 내 몸에 새겨진 고유한 정체성이 드러날 수도 있지만, 반대로 나의 정체성을 바꾸기 위해 새로운 역할 연기를 시도하는 것도 가능하다. 일상에서 하나의 역할을 통해 고집해 왔던 몸의 자세와 태도를 극적 현실에서 새로운 극적 인물을 통해 바꾸어 보는 것이다.

예를 들어, 〈선녀와 나무꾼〉에서 나무꾼 역을 맡았던 참여자는 '선녀를 원망하는 사람'으로서의 나무꾼이 아니라 '선녀를 부드럽게 설득하는 사람'으로서의 나무꾼을 연기해 볼 수 있다. 혹은 '자신의 사랑을 잘 전달하는 사람'으로서의 나무꾼일 수도 있다. 사랑하는 사람이 곁에 머물러 주기 원하는 마음을 전달하는 몸의 표현은 참여자가 지금까지 행했던 몸의 표현과는 다를 것이다.

공격적이기보다 부드럽고 조심스러울 것이며 자기 말만 소리 높여 외치기보다 상대의 말을 듣고 그에 걸맞게 대답할 것이다. 따지듯이 앞으로 쏟아지던 몸은 상대를 향해 부드럽게 기울이거나 살짝 물러날 수도 있다. 빠른 리듬으로 쏟아 내던 말은 적절한 단어를 고르는 신중하고 조심스러운 호흡으로 바뀔 것이다.

이처럼 새로운 인물을 연기하기 위해서는 새로운 몸의 표현이 필요하다. 그리고 새로운 표현을 시도만 해도 내 몸은 '나도 새로운 역할 정체성으로 살 수 있다.'라는 하나의 가능성을 경험한다. 해 보지 않았던 행동으로 인해 고착되었던 나의 정체성에 하나의 틈이 생긴다. 이 틈을 통해 변화의 새로운 바람이 불어온다. 바뀐 몸의 표현이 계속 쌓이다 보면 어느 날에는 내가 정말 변했다는 생각이 든다.

연극치료의 궁극적인 목표는 앞서 말했듯이, 현재와 다른 정체성을 갖고 살아가는 것이다. 심리적 문제와 관련 있는 기존의 가치관, 삶의 태도, 자아 정체성이 만들어 내는 역할 대신에 새로운 역할을 찾고 몸으로 표현하기를 시도해 본다. 그러면 점차 새로운 자아 정체성이 내 삶에 나타난다. 이후에는 외면으로 나타나는 현실도 달라진다. 삶의 환경, 일상의 사건을 다르게 해석하고 이전과 다르게 대응하기 때문이다. '원망하는 사람'이 '자신의 사랑을 잘 전달하는 사람'으로 바뀔 때 주변 사람은 그를 어떻게 대할까? 같은 상황이라도 반응하는 사람이 달라졌다. 나의 몸이 변하고 마음이 변하고 역할이 변하며 정체성이 달라진다. 곧 인생이 달라지는 것이다.

2 역할의 힘, 몸으로 흡수하기

우리가 습관의 힘이 무섭다고 하는 이유는 사람은 이미 형성된 습관대로 행동하려고 하기 때문이다. 처음에는 낯설었던 새로운 행동이지만 거듭 반복할수록 점점 익숙해진다. 그리고 익숙해질수록 그 행동을 잘하게 된다. 처음에는 낯설었던 한 번의 음주가 거듭될수록 익숙해지고 어느새 밥을 먹는 것처럼 술을 마신다. 처음에는 낯설었던 달리기가 익숙해져서 어느새 하루라도 달리지 않으면 몸이 찌뿌둥하다고 느낀다. 이때 우리는 그 행동이 '몸에 배었다'고 말한다. 몸에 밴 행동은 계속해서 내 인생에 영향을 미친다.

우리는 몸을 자각하고 인식하면서 몸과 친해졌고 몸을 통해 표현하는 나의 역할이 무엇인지 알았다. 그리고 새로운 삶을 위한 역할, 몸의 표현이 필요하다는 것을 알았다. 그런데 이 역할을 연기하기 위해 우리는 해 보지 않았던 행동을 해야 한다. 당연히 이러한 연기를 하는 것은 낯설고 불편하고 어렵다. 이 행동이 내 몸에 배려면 어떻게 해야 할까?

반복적으로 새로운 몸의 표현을 해야 한다. 연극치료사는 참여자가 그 표현을 몸에 익힐 수 있도록 다양한 방식으로 돕는다. 같은 역할을 다양한 몸의 표현으로 경험해 보거나 비슷한 성격을 갖는 다양한 인물을 경험하도록 돕기도 한다.

　예를 들어, 자기 의견을 주장하지 못하는 사람이라면 자기 의견을 널리 알리고 자기 뜻대로 상황을 주도해 가는 성격의 인물을 여러 번 경험하게 한다. 그 인물은 그리스 신화의 헤라클레스, 나폴레옹, 홍길동일 수 있다. 혹은 아버지, 학급의 반장처럼 주변인일 수도 있다. 처음에는 이들을 모방하며 새로운 역할을 경험한다. 하지만 점차 새로운 역할이 몸에 배면서 고유한 방식으로 역할의 힘이 드러난다.

　그들의 주도성이 어느새 내 것이 되어 독특한 나의 주도성이 드러난다. 그리고 충분히 역할의 힘이 내 몸에 배면 실제 상황에서도 주도성을 발휘할 수 있도록 실제 상황을 가정하여 다시 역할의 힘을 연습해 본다. 내 의견을 주장하기 힘든 억압적 환경에서도 내가 연습한 역할의 힘을 발휘할 수 있는지 점검해 보는 것이다.

　한편 새로운 역할의 힘을 내면으로 흡수하는 또 다른 방법으로 의상, 분장, 상징적 소품 등을 활용할 수 있다. 배역에 맞는 분장을 하고 의상을 입고 상징적 소품을 손에 들고 무대 위에서 계속 행동하다 보면 어느새 배우는 배역과 일체가 된 기분을 느낀다. 배역의 분장, 의상, 소품이 마치 자기 얼굴, 옷, 물건인 것처럼 느끼고 때로는 분장 등에 기대어 연기를 한다. 이 장치들이 역할의 본질과 그 힘을 잘 드러내기 때문이다.

　연극치료에서도 역할의 힘을 경험하기 위해서 그 의상을 만들거나 이야기에서 상징적으로 드러나는 소품을 만들기도 한다.

분장을 직접 하거나 분장 대신 가면을 만들기도 한다. 특히 가면은 역할의 전형적인 성격을 표현할 수 있는 매체이기 때문에 더욱 강력한 효과가 있다. 마당극을 할 때 어떤 탈인지에 따라 양반, 노비 등이 정해지고 이 탈을 쓰고 연기하면 그 역할처럼 행동하는 것이 수월해진다.

이러한 과정을 통해 역할의 힘을 온몸으로 흡수한 참여자는 드디어 일상으로 돌아가서도 새로운 역할의 힘을 활용해 보려는 용기를 갖는다. 몸을 바꾸어 마음을 바꾸고 마음을 바꾸어 몸을 바꾸는 치유의 여정이 이제 실제 삶의 변화로 이어진다.

지금까지 몸의 변형이 마음에 미치는 영향, 새로운 몸의 표현과 정체성의 관계, 새로운 역할이 갖는 힘을 내 몸으로 흡수하는 과정에 대해 알아보았다.

실제 프로그램과 작업 예를 살펴보면서 새로운 역할을 연기하여 그 역할의 치유적 힘을 몸으로 경험하는 것이 무엇인지 알아보자.

실습 프로그램: 창작 캐릭터 즉흥극

창작 캐릭터 즉흥극 소개

창작 캐릭터 즉흥극과 역할 변형은 2단계로 이루어진다. 1단계는 참여자가 스스로 새로운 캐릭터를 창작하고 이 캐릭터가 살아가는 극적 현실을 즉흥적으로 펼쳐 내는 것이다. 2단계는 이 캐릭터가 살아가는 극적 현실을 보다 더 대안적인 방식으로 변형하는 것이다. 새로운 캐릭터를 창작하는 것, 이 캐릭터가 살아가는 극적 현실을 즉흥적으로 연기하는 것, 나아가 캐릭터의 대안적 삶의 방식을 시도하는 것 모두 참여자의 창조성이 필요하다.

얼핏 어렵게 들리지만, 사람은 모두 극적 요소를 갖고 있기에 생각보다 수월하게 새로운 캐릭터를 창조하고 그 캐릭터의 세상을 경험할 수 있다. 예를 들어, "내가 슈퍼맨이 된다면 하늘을 날 수 있을 텐데."라고 말한다고 하자. 현재의 나는 하늘을 날 수 없지만 내가 슈퍼맨이라는 인물이 된다면 하늘을 나는 것은 매우 쉬운 일이다. 그런데 슈퍼맨에게도 자신의 진짜 정체성을 깨닫고 이를 수용하는 일은 쉬운 일이 아니다. 새로운 삶의 방식을 선택하고 경험하며 수용하는 것이 쉬운 일은 아니다. 모든 인물에게는 자신만의 한계가 있다. 그리고 자유로운 상상과 표현을 통해 우리는 그 한계를 확장할 수 있다.

우리는 상상을 통해 언제든 내가 아닌 다른 존재가 될 수 있고 그 존재로서 살아 볼 수 있다. 그리고 다른 존재로서 다양한 삶의 방식을 경험해 볼 수 있다. 이렇게 즉흥극 속에서 경험한 역할 변형은 실제 인생에도 영향을 미친다.

1) 창작 캐릭터 즉흥극 프로그램

> **목표**
> ① 내 상태를 반영한 역할 창조하기
> ② 역할 연기를 통해 현재 역할 점검하기
> ③ 역할의 새로운 선택 경험하기

(1) 1단계: 몸과 마음 풀기(warm-up)

내 몸의 상태 느끼기

현재 내 몸의 상태를 눈을 감고 느껴 본다.

(2) 2단계: 창작 캐릭터 만들기

몸의 느낌으로 창작 캐릭터 그리기

몸의 느낌을 토대로 창작 캐릭터를 창조한다. 웹툰, 애니메이션, 영화, 드라마의 주인공을 창작한다고 생각하면 쉽다. 현재 내 눈이 뻐근하다면 시각 장애인을 창조할 수도 있고 속이 부글댄다면 소화불량이 심한 히스테리 환자를 창조할 수도 있다. 창작한 캐릭터는 그림으로 그려 좀 더 구체화한다.

창작 캐릭터 소개하기

캐릭터가 어떤 장소, 시간에 있는지도 그려 본다. 일상적인 시공간일 수도 있고 극적인 사건이 일어나는 시공간일 수도 있다. 시각 장애인 캐릭터가 그의 집에서 아침을 맞이하는 장면(집, 아침)을 그릴 수도 있고 시각을 잃게 된 날의 장면(병원, 겨울)을 그릴 수도 있다.

(3) 3단계: 창작 캐릭터 즉흥극

캐릭터가 있는 장소와 시간에서부터 첫 장면을 시작한다. 이후의 장면은 즉흥적으로 만들어 간다. 캐릭터의 성격과 첫 장면이 명확하다면 참여자가 캐릭터를 통해 특정한 경험을 할 수 있도록 극을 이끌어 갈 수 있다. 이때 치료사는 참여자의 캐릭터가 고착된 행동이 아닌, 새로운 행동을 경험해 볼 수 있도록 자연스럽게 유도한다. 심리적 문제에 대한 대안적 선택을 계속 시도하는 것이다. 참여자가 이러한 역할 연기를 통해 충분히 역할의 성격과 힘을 경험했다면 극을 끝내도 좋다.

(4) 4단계: 전체 소감 및 내가 느끼고 경험한 것 나누기

활동의 전체 소감과 내가 느끼고 경험한 것을 함께 나눈다. 일상과의 연관성을 찾아본다.

2) 창작 캐릭터 즉흥극 예시

(1) 내 몸의 상태 느끼기

내 몸의 상태를 찬찬히 살펴보는 것은 내가 살아온 삶의 방식이 몸에 새긴 흔적을 느끼는 것이다. 또한 최근의 심신 상태가 어떤지 살피는 것이다. 그러므로 몸의 느낌으로 캐릭터를 창작하면 내 삶의 흔적, 심신 상태와 창작 캐릭터가 연결성을 갖게 된

다. 내 모습이 투영되었으나 나와 거리가 있는 인물을 스스로 창
조한다.

(2) 몸의 느낌으로 창작 캐릭터 그리기

캐릭터를 창작하는 작업이 가능한 대상은 예상외로 그 범주가
넓다. 아동에서 노인에 이르기까지 연령 제한이 없으며 지적 장
애가 있는 참여자도 캐릭터 창작이 가능하다. 창작의 기준을 높
게 두지 않으면 된다.

일상에서 만날 수 있는 주변인도 캐릭터 창작의 재료다. 예를
들어, 실제 학교 선생님을 모티브로 '학교 선생님' 역할을 창조할
수 있다. 이때 실제 학교 선생님의 특성이 아닌, 참여자가 새롭게
부여한 학교 선생님의 특성이 드러날 수 있도록 한다. 실제 선생
님이 자상하고 친절하다면 참여자가 창작한 선생님은 친절한 가
면을 쓴 무서운 사람으로 설정할 수 있다. 참여자 몸의 느낌에 기
반하여, 이러한 특성을 참여자 스스로 설정할 수 있도록 돕는다.

(3) 창작 캐릭터 소개하기

캐릭터가 어떤 장소, 시간에 있는지 그려 보는 것은 즉흥극을
전개할 때 유용한 방법이다. '누가, 언제, 어디에서, 어떻게, 왜'
의 다섯 가지는 캐릭터 즉흥극을 하기 위한 기본 전제가 된다.
이 중에서 '누가, 언제, 어디에서'의 세 가지를 설정하면 캐릭터
즉흥극의 첫 번째 장면이 된다. 첫 장면은 캐릭터의 특성과 상황
을 함축적으로 암시하며, 이후 이어지는 장면 전개의 중요한 단

서가 된다.

예를 들어, 시각 장애인 캐릭터가 그의 집에서 아침을 맞이하는 장면과 시각을 잃게 된 겨울, 병원에서 눈을 뜨는 것은 캐릭터의 매우 다른 상황을 암시한다.

(4) 즉흥적으로 장면 극화하기

즉흥적으로 극을 만들어 가는 것에 대해 지나치게 우려할 필요는 없다. 극의 진행이 막힌다면 극을 잠시 중단하고 참여자와 상의해서 장면을 설정하고 다시 진행해도 된다. 또한 일상적인 장면이 반복되어도 상관없다. 치료사가 치료적 의도를 갖고 적절한 장면에서 개입하여 참여자가 특정한 역할 경험을 할 수 있도록 돕는 것이 핵심이다.

예를 들어, 학교에서 일어나는 일상적인 장면이 반복될지라도 장면의 흐름 속에서 참여자가 창작한 인물과 연관된 장면을 치료사가 먼저 제시하면 된다. 치료사는 연극 속 인물이 되어 참여자가 창작한 캐릭터 특성이 잘 드러나도록 함께 장면을 진행한다. 극의 완성도가 아닌, 참여자가 창작한 캐릭터의 특성이 드러나고 역할의 힘을 경험할 수 있는 극적 장면을 만드는 것이 중요하다.

(5) 장면 속에서 역할 변형하기

참여자가 새로운 캐릭터로서 새로운 삶의 방식을 시도할 준비가 되었다면 치료사는 즉흥극을 전개하며 대안적 방식을 참여자에게 제안한다. 연극 속 인물이 되어 제안할 수도 있고 잠시 극을 멈추고 충분한 논의 끝에 시도해도 좋다. 참여자가 마음을 열고 새로운 삶의 방식을 시도하고 몸으로 경험할 수 있도록 제안과 수용의 적절한 균형이 필요하다.

때로 몸의 자세 및 동작 조금씩 확장하기, 반대 성질의 동작 표현하기 등을 통해 대안적 방식을 경험할 수 있다.

(6) 전체 소감 및 내가 느끼고 경험한 것 나누기

후기

캐릭터 창작과 즉흥극은 개인의 고유한 특성이 매우 잘 드러난다. 한 참여자의 자기 인식은 집에 갇혀서 제대로 활동할 수 없는 캐릭터를 통해 극명하게 드러났다. 하지만 이 캐릭터는 자신이 지금 시작할 수 있는 작은 일, 상상하기와 그림 그리기를 통해 극 속에서 새로운 희망을 발견했다.

이때부터 참여자는 연극 속에서 실제 생활과는 다른 새로운 모습을 자꾸 시도하기 시작했다. '희생자' '무력한 역할'을 고집했던 참여자가 자신과 비슷한 캐릭터를 창작해 연기하면서도 '무력한 역할'이 할 수 있는 대안적 선택을 했다. 이는 '창조적인 작은 시도라도 해 보는 사람'으로 확장되었고, 종국에는 '대안을 스스로 발견하고 억압적인 환경에서도 자기 의견을 주장하는 사람'으로 귀결되었다. 그러한 모습을 마지막 종결 회기에서 보여 주었다.

캐릭터 즉흥극을 하며 참여자는 무한한 상상의 세계를 즐길 수 있다. 그리고 이는 극 속에서 '상상하기'와 '그림 그리기'라는 대안적 선택을 통해서 발현되었다.

몸의 변화로 역할 변형하기: 조각상 점진적 변화

몸의 변화로 역할 변형하기: 반대 신체 조각상-거부와 수용

몸의 변화로 역할 변형하기: 반대 신체 조각상–우울과 기쁨

몸의 변화로 역할 변형하기: 반대 신체 조각상–불안과 안정

*제2부 사진 출처: 노는 극단 피터팬, 호두 배우님.

4　몸의 이야기 바꾸기

　얼마 전, 동료 치료사로부터 "몸의 태가 달라졌다."라는 말을
들었다. 10년 전에 만났다가 오랜만에 다시 본 선생님이었는데
"10년 동안 제가 많이 달라졌어요"라는 말에 "알죠. 몸의 태부터
달라졌는데요."라고 말했다. 몸을 자각하고 몸을 돌아보면서 '몸
의 태가 달라졌다.'라는 말은 새삼 신기하게 들렸다. 바뀐 내 몸
의 자세는 지난 10년의 세월을 담고 있다. 힘들었지만 꾸준히 노
력했고 이를 통해 바뀐 내 몸의 표현은 달라진 내 인생의 이야기
이기도 하다.

　내 몸의 표현이 변하는 과정에서 나는 평상시 도전해 보지 않
았던 다양한 몸의 표현과 새로운 역할을 시도했다. 또한 이를 반
복하였다. 예를 들어, 어머니에게 제안했던 단전에 힘을 주고 바
로 서서 상대방과 만나기, 눈빛을 피하지 않고 마주 보기, 상대방
에게 말의 내용을 잘 전달하기 위해 어미 처리와 발음과 소리 볼
륨에 신경 쓰기 등을 직접 해 보았다.

　나아가 연극치료를 통해 극적 현실에서 탐색하고 경험했던 새
로운 역할을 익스트림 스포츠와 헬스·해외여행·클라이밍과
같은 낯선 활동에 도전해 보기, 강사·행정 관리직·기획자와
같은 새로운 직업적 측면 경험하기 등 실제 생활에서도 적용해

보았다.

10년 동안 무수한 시도와 실패, 도전을 반복하며 더딘 성장을 이루어 간 이야기가 있다. 그 세세한 이야기들이 고스란히 몸에 흔적을 남겨 어느새 내가 바라보는 내 몸의 형태도 달라졌는데, 그 변화를 한마디로 이야기하자면 '중심이 잡혔다'고 할 수 있다. 세차게 흔들리던 눈빛이 편안해지고 구부정하던 등이 펴지고 걸음걸이가 가벼워졌으며, 때때로 부정적인 감정과 생각들이 머물다가도 흘러간다.

몸의 이야기가 편안하고 유연해지고 중심을 잡아가는 이 과정에서 또 하나의 감사함이 있다. 안전한 집단의 울타리 안에서 분노 이면의 두려움을 발견하고 사람과의 연결을 통해 '더 큰 나'를 발견했던 제1부의 에피소드는 내가 만난 참여자들의 이야기와 닮았다. 내가 경험했던 것처럼 참여자들도 안전한 역할 경험 속에서 분노, 원망 이면에 사랑받고 싶은 두렵고 연약한 마음이 있다는 것을 발견했다. 그리고 집단 작업에서 다른 구성원과 계속 상호 작용하면서 자기 내면의 영적이고 치유적인 역할, 창조적인 작은 시도라도 해 보는 사람을 발견하기도 했다.

이처럼 나는 참여자들과 만나면서 그들에게서 나와 같은 모습을 발견하였고 그들을 도우면서 나 자신을 도왔고 그들의 변화를 바라보며 나도 치유받았다. 몸과 몸의 만남은 몸을 통한 마음의 만남이다. 치료의 현장에서도 일상에서도 우리는 이렇게 서로 연결되어 도움을 주고받으며 함께 치유받고 나아가고 있다.

경험하기

질병에서 회복까지, 새로운 인생을 위한 연극치료

질병에서 회복까지, 새로운 인생을 위한 연극치료

제3부 '경험하기'는 투병 이후 회복기에 있는 환자분들을 참여자로 모집해 연극치료 작업을 시행했던 기록이다. 질병에서 회복할 수 있었던 힘과 회복 이후 달라진 인생에 적응하며 살아가는 힘을 찾기 위해 〈처용 설화〉 인생 그래프 작업을 하였다.

제8장 '질병에서 살아남은 사람들'에서는 암 회복 환자 돌봄이 국가사업이 될 정도로 질병에서 회복한 이후의 생활에 대한 다방면의 돌봄이 얼마나 필요하며 중요한가를 살펴본다.

제9장 '역병과 나의 관계: 〈처용 설화〉'에서는 〈처용 설화〉에 기반한 연극치료 작업을 소개한다. 처용이 춤을 추면서 역병의 신을 용서하고 물리쳤다는 삼국시대 설화에 기반한 작업에서 참여자들은 질병을 물리치는 고유한 치유의 힘을 발견할 수 있다.

제10장 '질병을 넘어서: 전체 인생 돌아보기'에서는 연극치료에서 인생 그래프 작업을 어떻게 몸으로 경험할 수 있는가를 알려 준다. 참여자는 투병 과정, 회복 이후의 인생도 삶의 전반적인 흐름 안에 있음을 자각하며 치유의 근원적 힘이 무엇인지 발견할 수 있다.

이 장에서는 단회기의 연극치료 작업이 어떠한 흐름으로 전개되는지를 볼 수 있으며, 투병 이후 회복기 환자가 자신의 질병, 몸, 인생, 관계 등에 관해 어떻게 바라보고 있는지를 알 수 있다. 또한 독자 스스로 이 프로그램들을 적용해 볼 수 있도록 매우 상세하게 설명하였다.

제**8**장

질병에서 살아남은 사람들

병이 우리에게 건네는 메시지

건강을 잃어버렸던 환자들에게 자기 몸과 인생은 어떤 의미일까? 내 몸과 인생에 대한 의미를 찾고자 하는 것은 건강 회복을 위해 마음의 작용이 얼마나 중요한지에 대해 공감하는 사람들이 많아졌기 때문이다. 쉽게 말하면 환자의 회복 의지가 질병 치유에 절대적인 영향을 미친다는 이야기다.

지속적인 스트레스가 질병에 걸리는 이유가 된다는 사실에 의문을 가지는 사람은 없을 것이다. 뇌에서 분비되는 코르티솔 호르몬의 직접적인 영향을 받기도 하지만 마음의 문제에 몰입해 있는 동안 우리는 대체로 몸을 돌보는 것을 잊어버린다. 마음의 아픔, 심리적 문제는 안타깝게도 질병의 형태로 자주 바뀌어 우리에게 말을 건넨다. 그래서 질병에 걸렸을 때 우리는 자신의 삶을 돌아본다. '병의 원인이 뭐지?' '왜 내가 이런 병에 걸렸지?' '앞으로 나는 어떻게 해야 하지?' 평상시 멈춰 서서 돌아보지 못했던 내 삶의 형태, 과거와 현재, 미래에 대해 진지하게 고민해 본다.

어머니가 처음 암 진단을 받았을 때 우리 가족은 재빠르게 입원, 간병, 앞으로의 투병 일정, 보험 등을 논의하기 시작했다. 투병 생활은 또 하나의 현실이다. 하지만 수술 이후 병원 생활을 하고 항암치료를 받기 시작하면서 어머니와 우리 가족은 점차 병의 원인에 대해 고민하기 시작했고 죽음에 대한 막연한 공포심도 느꼈다. 나는 딸로서 어머니에게 잘못했던 것이 먼저 떠올랐고 어머니는 만약 자신이 죽는다면 가족이 어떻게 살아갈지에 대한 걱정이 먼저 떠올랐다고 했다.

우리가 질병에 걸리게 되면 처음에는 회복하는 데에 온 전력을 기울이지만 점차 질병에 관련된 감정, 생각, 관계 패턴이 떠오른다. 병에 걸린 원인을 분석하면서 누군가는 극심한 분노, 죄책감, 후회, 자괴감, 절망을 느낀다. 또한 부정적 사고방식이나 관계 패턴, 오래된 상처의 기억, 건강에 해로운 습관, 각종 중독 등이 병의 원인일 것이라고 짐작한다.

그 원인은 제각기 다를 것이나, 중요한 것은 질병이 주는 메시지다. 질병을 두려워하고 미워하고 회피한다고 해서 빨리 회복되는 것은 아니다. 역설적이지만 질병과 친해져서 질병의 실체를 들여다봐야 한다. 이혼, 가까운 사람의 죽음, 파산과 같은 인생 위기는 때로 우리 인생의 실체를 밝힌다. 질병 또한 우리에게 인생을 어떻게 바라보고 있는지 질문한다. 그리고 그 진실을 말해 준다. 그러므로 우리는 이 메시지에 귀를 기울여야 한다.

그런데 질병뿐 아니라 회복 이후의 과정도 잘 들여다봐야 한다. 회복 이후에도 신체적, 인지적, 정서적 방면에서 문제가 생길 수 있다. 그래서 어머니는 완치 판정을 받은 후에도 꾸준히 재활 운동과 마음 관리를 하고 있다. 때로는 회복 이후에 달라진 신체, 인지, 정서, 생활 방식에 적응하고 새롭게 몸과 마음을 관리하는 일이 투병보다 더 어렵기도 하다.

그렇다면 질병이나 투병 생활, 회복 과정이 주는 메시지는 대체 무엇일까? '예전처럼 살면 안 된다.' '건강하게 살려면 몸을 돌보는 좋은 습관이 필요하다.'와 같은 반성, '왜 내가 병에 걸렸지?'라는 질문에서 출발하여 삶의 전반을 돌아보는 더 깊은 성찰 등 무엇이든 좋다. 이 메시지는 진정한 몸과 마음의 건강을 위해 다시금 나아가야 한다는 마음 깊은 곳의 울림이다. 우리는 이제 진정한 치유의 여정 앞에 선 것이다.

2 질병에서 살아남은 사람들, 그 이후를 위한 연극치료

어머니의 투병과 회복을 지켜보며 나는 오랫동안 실제로 질병을 앓고 있거나 회복한 분들에게 연극치료를 어떻게 적용할 수 있을지 고민하였다. 연극치료 작업을 통해 그들이 자신의 투병, 회복 과정, 전반적인 인생에 대해 어떻게 해석하고 어떤 의미를 부여했는지 알고 싶었다. 질병에서 회복할 수 있었던 치유 자원, 질병으로 인해 변화한 삶의 의미를 알아보고 싶은 마음이었다.

어머니처럼 암으로 인한 투병 생활을 경험하였으며 현재는 완치하여 제2의 인생을 살아가는 분에 대해서 명명하는 단어가 있다. '암 생존자'가 그것이다. 우리나라 사망 원인 1위는 83년 통계 작성 이래 현재에도 여전히 암이다. 따라서 암 환자뿐 아니라 암 생존자도 많을 수밖에 없는데, 이때 '암 생존자'란 암 치료 이후 재발이나 전이의 증거 없이 5년 이상 생존한 자를 의미한다. 그런데 어머니의 경우 5년이 지난 후에도 재발이 되었다. 그런 측면에서 본다면 사실상 암 생존자는 평생에 걸친 자기 관리가 필요할 것이다. 이는 암 발병 이전과 달라진 자기 삶에 적응하며 새로운 방식으로 살아야 한다는 의미다.

하지만 우리는 질병 회복 이후의 인생에 대한 인식이 뚜렷하지 않을 때가 많다. 이미 변한 삶의 형태를 잘 수용하지 못하고 투병 이전의 모습을 회복하는 것에만 급급할 때가 있다. 하지만 더 이상 몸과 마음, 삶의 환경과 태도가 과거와 같지 않다. 아니 과거와 같아서는 회복한 건강을 유지할 수 없다. 달라진 몸과 마음은 환경에 적응해야 하고 생활 모습이 변해야 한다. 그런데 변화를 수용하는 것이 왜 쉽지 않을까?

질병에서 살아남은 사람들이 겪는 삶의 위기를 좀 더 구체적으로 들여다보자. 이들은 우울, 분노, 두려움, 절망감, 무력감 등의 정서적 위기, 죽음 앞에 선 인간으로서의 실존적 위기, 부정적 자아상에서 오는 심리적 위기, 병원비 및 퇴원 이후의 생활에 관련된 경제적 위기, 투병으로 인한 관계 단절 및 경력 단절에서 오는 사회적 위기 등을 경험한다(김선영, 2017).

이들이 이러한 위기를 잘 다루고, 달라진 몸과 마음, 환경, 생활에 적응하고 희망을 찾을 수 있으려면 의학적, 신체적, 심리적, 사회적, 경제적, 영적 접근이 통합적으로 필요하다. 현재 국가 차원에서는 국가 암 생존자 통합지지체계 구축을 통해 암 생존자와 가족의 건강 증진 및 학교·사회 복귀를 도모하기 위한 목적으로 암 생존 통합지지사업을 2017년도부터 추진하고 있다. 대상자는 암 진단 후 완치를 목적으로 주요 치료를 마친 암 환자와 그 가족들이며, 권역별로 총 14군데 병원에서 암생존자통합지지센터가 운영된다. 암생존자통합지지센터에서는 신체, 심리, 생활 및 특화 프로그램을 운영하고 있으며, 이는 암 생존자들에게 실질적인 도움이 된다. 하지만 이들의 여러 위기를 통합하여 다루고 새로운 정체성으로 살아가는 과정에 대한 프로그램이 매우 활성화된 것은 아니라고 보인다.

[그림 8-1] 암생존자통합지지센터

<표 8-1> 암생존자통합지지센터 현황

권역	주소	전화번호
강원	강원도 춘천시 백령로 156 강원대학교병원	033-258-9038
경기	경기도 수원시 영통구 월드컵로 164 아주대학교병원	031-219-4130
경남	경상남도 진주시 강남로 79 경상대학교병원	성인: 055-750-9036 소아청소년: 055-750-9038
광주 · 전남	전라남도 화순군 화순읍 서양로 322 화순전남대학교병원	061-379-8118

〈계속〉

대구 · 경북	대구광역시 북구 호국로 807 칠곡경북대학교 병원	053-200-3561
대전	대전광역시 중구 문화로 282 충남대학교병원	042-280-7419
부산	부산광역시 서구 구덕로 179 부산대학교병원	051-240-6876
인천	인천광역시 남동구 남동대로 783 가천대학교 길병원	032-460-8487
울산	울산광역시 동구 전하1동 방어진순환도로 877 울산대학교병원	052-250-8190
전북	전라북도 전주 덕진구 건지로 20 전북대학교 병원	063-250-1947
제주	제주특별자치도 제주시 아란13길 15 제주대 학교병원	성인: 064-717-2332 소아청소년: 064-717-1964
충남	충청남도 천안시 동남구 망향로 201 단국대 학교병원	041-550-6013
충북	충청북도 청주시 서원구 1 순환로 776 충북대 학교병원	043-269-7688
국립 암센터	경기도 고양시 일산동구 일산로 323 국립암 센터	성인: 031-920-2617 소아청소년: 031-920-1243

* 최종 수정일: 2023.02.20.
출처: 국가암정보센터(https://www.cancer.go.kr/lay1/S1T786C841/contents.do).

그렇다면 연극치료는 이들에게 무엇을 경험하게 할 수 있을까? 연극치료를 통해 이들은 새로운 역할 정체성을 탐색해 볼 수 있다. 달라진 환경을 다양한 각도로 이해하고 기존의 생활을 어떻게 바꾸어야 하는지 탐색해 볼 수 있다. 새로운 관계 맺기를 경험하는 등 가상의 삶도 살아 볼 수 있다. 이처럼 연극치료는 새로운 삶의 형태에 적응하고 더 건강한 삶으로 나아가는 데 다방면으로 도움을 줄 수 있다. 무엇보다 죽음, 질병, 자기 자신과 인생의 의미를 돌아보며 회복 이후의 삶을 전체적인 맥락에서 바라보고 통합할 수 있다. 이는 모든 심리치료에서 궁극적으로 추구하는 목표이기도 하다. 그런데 연극치료 작업에서는 자기 몸을 직접 움직여서 그 의미를 탐색하고 통합시키기 때문에 더욱 큰 효과를 가진다고 할 수 있다.

한편 통합의 측면에서 바라보면 '암 생존자'라는 단어도 적절한 단어라고 보이지 않는다. 물론 이들은 죽음의 위기 앞에서 살아 돌아왔지만 '생존자'의 역할로 계속 살아간다는 것은 끝없는 죽음의 위기를 전제로 한다. 20년에 걸쳐 투병한 나의 어머니는 현재도 방심할 수 없는 위기 속에서 살아가고 있다. 하지만 나는 어머니를 '생존자'라는 말로 명명하고 싶지 않다. '새로운 인생을 사는 사람' '인생 2막에 적응하고 변화한 사람'이라고 말하고 싶다. 그리고 질병에서 살아남아 회복기에 있는 모두에게 "당신은 더 이상 '생존자'가 아닌, '새롭게 살아가는 사람'이다."라는 말을 건네고 싶다.

그리고 이제 다음 장에서 인생 2막에 적응하고 변화하여 새롭게 살아가는 참여자들을 모시고 실제로 작업했던 연극치료 사례에 대해 말해 보려 한다. 이들이 연극치료 작업 속에서 보여 주었던 모습은 내게 큰 울림을 주었다. 이 작업을 함께 경험하면서 나는 어머니를 더욱 잘 이해하게 되었고 인생 위기에도 삶을 성실히 살게 하는 힘이 무엇인지도 알 수 있었다. 내가 참여자들과 만나며 느낀 감동을 함께 발견할 수 있기를 바란다.

제9장

역병과 나의 관계: 〈처용 설화〉

　회복기 참여자들과 한국의 설화에 기반한 프로그램, 인생 전반을 돌아보는 프로그램을 함께 경험하였다. 첫 번째 작업은 역신을 용서하고 처용무를 추었던 〈처용 설화〉에 기반한 작업이다. 두 번째 작업은 투병을 포함한 내 인생의 기념비적인 사건을 입체적인 인생 그래프 위에 세워 보는 작업이다. 이 작업은 질병(역신)과 내가 맺고 있는 관계에 대해 고찰하고, 인생 전반을 돌아보는 시각에서 질병에 얽힌 사건을 살펴보며 질병을 극복할 수 있었던 치유적 힘을 찾아가는 작업이다.

　먼저 『처용 설화』에 기반한 연극치료의 실제 사례다. 〈처용 설화〉 분석, 실습 프로그램 소개, 참여자 소개, 실제 작업 내용, 분석에 이르기까지 연극치료 작업이 어떻게 이루어졌고 참여자들이 무엇을 느끼고 경험했는지를 상세히 서술하였다. 독자 여러분도 이 내용을 참고하여 나와 질병의 관계, 고유한 치유의 힘에 대해 새롭게 정의할 수 있기를 바란다.

〈처용 설화〉에 담겨 있는 치유의 힘

1) 〈처용 설화〉 분석

〈처용 설화〉

『삼국유사』 권2 처용랑 망해사에 실려 전해지는 내용이다. 나라가 태평을 누리자 왕이 879년(헌강왕 5)에 개운포 바닷가로 놀이를 나갔는데, 돌아오는 길에 구름과 안개가 자욱하게 덮이면서 갑자기 천지가 어두워졌다. 갑작스러운 변괴에 왕이 놀라 좌중에 물어보니 일관이 말하되 "이것은 동해 용의 짓이므로 좋은 일을 행하여 풀어야 합니다."라고 하였다. 이에 왕이 용을 위하여 절을 짓도록 명한즉 바로 어두운 구름은 걷히고 동해용이 일곱 아들을 데리고 나와 춤을 추었으며 그중 하나가 왕을 따라오니 그가 처용이었다. 왕을 따라온 처용은 달밤이면 거리에 나와 가무를 하였으며 왕은 그와 미녀를 짝지어 주고 급 간 벼슬을 주었다. 이 아름다운 처용의 아내를 역신이 사랑하여 범하려 하므로 처용이 노래를 지어 부르며 춤을 추었더니 역신이 모습을 나타내어 무릎 꿇고 빌었다. 그 후부터 백성들은 처용의 형상을 그려 문간에 붙여 귀신을 물리치고 경사가 나게 하였다. 이때 처용이 준 춤이 악부에 '처용무'라 전해진다.

출처: 문화원형백과 한반도 해양문화(2009), 문화원형 디지털콘텐츠.

처용 형상 및 처용무

출처: 『악학궤범』; 『기사계첩』; 한국학중앙연구원(www.aks.ac.kr).

왜 〈처용 설화〉인가? 우리는 설화나 민화를 통해 현대의 일상을 살아가는 우리 내면에도 면면히 흐르고 있는 한 민족의 집단 무의식을 접할 수 있다. 즉, 〈처용 설화〉를 통해 알 수 있는 것은 우리 민족의 질병에 대한 이해와 그것을 극복하는 고유한 메커니즘이다. 그리고 그 집단적 의미에 비추어 질병에 대한 개인적인 이해와 그것을 극복한 나의 치유 방식에 대해서도 알 수 있게 된다.

제2부에서는 참여자가 역할 경험을 통해 자기 자신을 더욱 객관적으로 바라볼 수 있다고 하였다. 참여자가 처용 역을 연기하면서 '처용이 처한 상황과 내가 처한 상황은 비슷하다. 처용은 이런 방식으로 역신에게 대응했는데 나는 어떻게 대응할 수 있을까?' '처용에게 역신은 어떤 의미였을까? 나에게 질병은 어떤 의미인가?'와 같이 처용에 빗대어 자신을 더욱 잘 이해할 수 있다는 말이다. 게다가 역신을 물리친 처용의 힘을 내 몸으로 흡수하면서 질병을 극복하는 치유적 힘을 다시금 확인할 수 있을 것이다.

 〈처용 설화〉에 기반한 프로그램을 알아보기 전에 〈처용 설화〉 분석을 통해 이 설화에 담겨 있는 치유적 힘이 무엇인지 알아보도록 하자. 〈처용 설화〉는 우리가 익히 알고 있는 설화다. 이 설화의 핵심은 처용의 대범한 대응이다. 역신이 사랑하는 아내를 범하려 들지만, 처용은 밤새 춤을 추면서 그것을 용서하는 것처럼 보인다. 실제로 처용은 역신을 용서했을까? 알 수 없다. 중요한 것은 그 결과다.

 역신은 처용의 대범한 대응에 지레 놀라 스스로 물러난다. 힘이 있는 자의 너그러운 처사에 자신의 죄를 자복하고 용서를 구한 것이다. 역신과 맞서 싸워 이기는 것이 아니라 역신을 용서하고 수용함으로써 역신이 스스로 물러나게 하는 것. 우리 선조들이 질병을 극복하는 메커니즘이다.

 신동흔 교수는 『신화, 치유, 인간』에서 "한국은 질병신(神)에 대한 사유가 특별히 발달한 나라"라고 말한다(신동흔, 2023). 한국에서 전해지는 천연두 신 관련 신화로 '손님굿'을 언급하며 이 신화의 핵심 화두는 무서운 전염병 신을 어떻게 맞이하는가의 문제라고 한다. 전염병을 경시하며 넘보거나 막아서는 방식, 이를 인정하고 존중하며 스스로 물러나게 하는 방식이 있는데 그 대응 여하에 따라 삶이 완전히 달라진다.

 이러한 관점에서 처용이 역신 앞에서 행한 굿에 대하여 위기와 고난 앞에서 차분해지고 강해지는 본원적 신명의 몸짓이라고 말한다. 그러자 그 힘에 감응하여 전염병 역신이 스스로 물러간 것이고, 그 힘을 내면화하고자 사람들이 처용 화상을 대문에 붙이게 되었다.

처용과 역신의 관계를 살펴보면, 역신은 처용의 또 다른 그림자 같기도 하다. 신적 존재로서 신라 땅을 춤과 노래로 구원하고 아름다운 집과 아내를 얻어 유유자적 살아가는 처용의 모습, 처용과 같은 신적 존재이지만 사랑받고 인정받지 못해 처용의 행복을 탐내고 파괴하려 드는 역신의 모습에서 삶의 밝고 어두운 면이 보인다.

신적 존재인 처용에게도 역신의 등장은 예상치 못한 사건이었지만 이에 대응하는 처용의 태도는 침착하고 너그럽다. 평온한 일상을 살아가던 참여자에게 질병의 발견은 마치 역신이 등장한 것처럼 놀랍고 두려운 일이 아니었을까? 하지만 참여자들은 병을 극복하고 회복하고 있으며 역신이 등장한 이후의 삶을 살고 있다.

그렇다면 이들은 역신(질병)과 어떠한 관계를 맺고 있으며 어떤 힘으로 역신을 물리칠 수 있었을까? 참여자들과 〈처용 설화〉를 직접 극화하면서 연행으로 드러나는 그 힘을 찾아보았다.

2) 실습 프로그램 소개

이야기 역할 경험 〈처용 설화〉

• **목표:** 질병과 나의 관계를 알아보고 질병에서 회복한 힘을 찾는다.

– 1단계: 몸과 마음 풀기(warm-up)

나의 처용무

처용은 가무를 즐기던 동해 용의 아들이다. 몸의 질병으로 인해 위축되었던 마음에도 흥겨움의 불씨가 살아 있다. 자신이 좋아하는 노래를 틀어 놓고 몸을 움직여 본다. 가볍게 호흡을 통해 몸의 열을 올리고 이완의 동작을 반복한다. 점차 흥을 내어 춤을 춘다. 몸을 데우는 에너지와 즐거운 웃음으로 낯선 땅에 도착한 처용의 몸짓을 이해한다.

– 2단계: 〈처용 설화〉에 기반한 즉흥극

행복한 처용

뭍에 올라 아름다운 아내를 얻고 편안한 집에서 지내면서 사람들의 존경과 인정을 받았던 행복한 처용의 삶을 가상으로 경험한다. 이는 1단계와 마찬가지로 처용이 원래 갖고 있던 치유적 힘을 가상으로 경험하고 몸으로 알아채기 위해서다. 이 같은 가상 경험을 통해 역병과 만날 때 이를 물리칠 수 있는 내면의 힘을 미리 탐색한다.

역신의 등장

처용의 삶에 역신이 끼어들었다. 역신이 처용의 아내를 납치하여 집을 부수고 처용의 삶을 망치려고 한다. 이 장면에서 처용이 되어 이 장면을 바라보는 처용의 마음을 이해해 본다. 역신(질병)은 인생의 불청객과도 같다. 내가 초청하지 않았는데 내 삶에 끼어들어 기존의 안정과 행복을 뒤흔든다. 이러한 상황에서 나는 어떻게 반응하는지 살펴보고 처용과 역신의 관계에 빗대어 질병과 나의 관계를 이해해 본다.

처용의 용서, 회복

내가 처용이라면 역신의 등장에 어떻게 대응할 것인가? 마지막 선택이 남았다. 나는 이 역신을 어떻게 할 것인가? 힘으로 쫓아 버릴까? 용서하여 떠나보낼까? 만약 영원히 물리칠 수 없는 것이라면 이 역신과 어떻게 함께 살아야 할까? 물리치거나 용서하거나 어쩔 수 없이 수용하거나, 나의 선택에 따른 극 장면을 만들어 본다. 이때 역신을 물리칠 수 있었던 외적, 내적 치유의 힘을 발견한다.

- 3단계: 즉흥극에 기반한 가면 만들기

나의 처용 형상(가면)

역신을 물리친 처용의 형상을 가면으로 만들어 본다. 가면을 바라보고 말을 건네고 가면을 써 보고 가면을 쓴 채로 독백하는 등 다양한 활동을 통해 가면에 담긴 처용의 힘을 온몸으로 받아들인다.

- 4단계: 전체 소감 및 내가 느끼고 경험한 것 나누기

함께했던 구성원과 몸과 마음 풀기 단계에서부터 무엇을 느끼고 경험하였는지 나눈다. 스스로 치유적 힘을 찾지 못했다면 함께 그 힘을 찾아볼 수 있다. 오늘의 작업에서 찾고 경험한 치유적 힘을 일상에서 어떻게 활용할 수 있는지 나눈다.

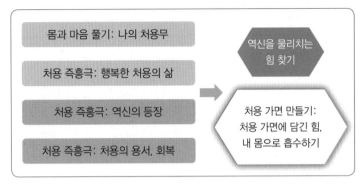

[그림 9-1] 〈처용 설화〉 실습 프로그램 요약

역신을 물리친 나의 힘

1) 참여자 소개

- 장군님은 50대 여성이다. 유방암 0기였는데 검진 후에 이를 발견하여 수술하였고 난소까지 함께 제거했다. 6개월 전 거주지에서 수술받았기 때문에 체력이 남아 있어 빨리 회복하고 있다고 했다. 가족들과 함께 살고 있으며 수술 이후에 자격증 시험과 명상 등의 활동으로 자신을 돌보고 있다.

- 현자님은 60대 여성이다. 4년 전에 뇌졸중으로 쓰러졌다. 부모님 유전력이 있어 계속 주시하고 있었기 때문에 빨리 처치할 수 있었다고 했다. 예전처럼 하고 싶은 말이 바로 떠오르지 않고 언어가 약간 어눌하여 언어 브로카 영역(Broca's area)이 다친 것 같다고 했다. 쓰러지기 전에는 활발한 사회 활동을 하였다. 가족들과 함께 살고 있으며 손주들을 돌보면서 새로운 삶의 방식을 경험하고 있다.

2) 나의 처용무

장군님이 아침에 라디오에서 듀스의 〈여름 안에서〉라는 곡을 들었다며 그 노래가 생각난다고 했다. "하늘은 우릴 향해 열려 있어. 그리고 내 곁에는 네가 있어. 환한 미소와 함께 서 있는 그래,

너는 푸른 바다야"라는 가사가 떠올랐기 때문이다. 팔을 위로 올리는 동작과 함께 신나게 춤을 추기 시작했다.

3) 〈처용 설화〉 즉흥극

(1) 바다에서 육지로

장군님이 자연스럽게 처용이 되었고 현자님은 동해 용왕의 역을 맡았다. 신라 땅이 별안간 어두워지면서 신라의 왕이 동해 용

왕에게 도와 달라고 부탁하였다. 그러자 동해 용왕이 아들들에게 신라 땅을 도와줄 것을 지시했다. 아들들이 육지로 올라와 춤을 추면서 신라 땅이 밝아졌다. 다른 아들은 바다로 돌아갔다. 하지만 육지에 매력을 느낀 처용은 신라 땅에 남기로 한다.

(2) 아내 맞기

신라 왕이 주선하여 처용에게 집을 주고 아내가 될 여인을 보내 주었다. 여인은 처음에 잠시 처용을 시험하다가 처용이 춤을 잘 추는 모습을 보고 처용을 받아 주었다. 함께 어우러지는 사랑

의 춤을 통해 여인과 처용은 부부가 되었다. 집을 꾸미는 데 왕
이 처용에게 색깔 테이프를 건넸고 원하는 만큼 집을 만들 수 있
다고 했다. 그러자 처용은 센터 공간 전체를 사용하여 테이프로
자기 땅을 크게 만들고 그 안에 의자, 빈 백, 천 등을 배치하였다.
부부의 의자, 침실 등 단순 구조였다.

(3) 역신의 등장

처용과 아내가 잠을 자는 사이 역신이 등장했다. 역신은 집을
조용히 망가뜨리고 아내를 데려갔다. 또한 처용의 배에 검은 천
을 둘러 "너는 못 움직여. 너의 집은 폐허가 되었고 아내는 납치
됐어."라고 말하며 역신으로 인해 달라진 삶의 환경, 관계, 몸의
상태 등을 인식시켰다.

(4) 역신을 힘으로 물리침

처용은 배의 천을 풀어 버리고 아내를 쉽게 구출하였다. 역신은 검은 천으로 집 바깥쪽을 치면서 집 밖으로 나오지 못하게 했다. 그러자, 처용은 천을 뺏어서 숨기고 역신을 출입문 근처에 있는 커튼 바깥쪽까지 밀어서 아예 밖으로 보내 버렸다.

(5) 역신이 돌아옴

역신은 "(물리적 힘으로는) 난 사라지지 않아. 보이지 않는 존재니까."라고 말하며 다시 돌아와 의자 위로 올라갔다. 주문을 걸듯이 손으로 공간을 휘젓고 벽에 비친 그림자를 가리키면서 "저게 바로 인간 세상의 어두움이야."라고 말했다. 처용이 당황하며 어떻게 해야 할지 고민하자 아내가 나서서 오히려 적극적으로 물리치자고 하였다. 역신은 아내를 데려가 "너는 인간이라 내 허락 없이는 못 나온다."라고 말하며 아내를 의자 뒤에 숨겼다. 반면 처용은 아내와 달리 신적 존재라 건드리지 못하고 위협만 가했다. 처용은 힘으로 역신을 끌어내리려고 했으나 쉽지 않았고 "이제 어떻게 하지?"라고 혼잣말하며 그 자리에서 멈칫하였다.

(6) 빛, 바다, 사랑의 힘

동해 용왕(현자님)이 처용의 무대에 다시 등장하였다. 처용(장군님)은 동해 용왕(현자님)의 손을 잡고 싱잉볼을 울려 역신에게 소리로 타격을 입혔다. 또한 노란 천을 들어 "빛의 천"이라고 말하며 역신을 묶었다. 역신은 비로소 "나는 이런 빛이 싫어. 내가 점점 투명해지잖아."라고 말하며 비명을 질렀다. 처용은 오로라색, 파란색 천을 뒤이어 가져와서 역신을 단단히 묶었다. 그리고 다시 커튼 밖으로 보냈다. 역신이 가면을 벗으면서 "이걸 줄 테니 날 봐 줘."라고 했지만 듣지 않았다. 다시 신라는 밝아지고 다 함께 기쁨의 춤을 추었다.

(7) 역신 봉인하기

역신 가면을 바닥에 놓고 그 위에 빛, 바다, 사랑의 힘을 의미하는 3개의 천을 덮어 역신을 봉인하였다. 처용(장군님)은 빛의 천을 덮고 "네가 다시 올 수도 있지만 나는 다시 이겨 낼 수 있어. 이제 돌아오지 마."라고 말했다. 아내는 사랑의 천을 덮고 "이제 네가 가야 할 자리로 가. 고생했어."라고 말했다. 동해 용왕(현자님)은 바다의 천을 덮고 "너도 사랑받고 사랑을 주고 싶었구나. 너도 네가 있어야 할 자리가 있을 거야. 네가 있어야 할 곳으로 가라."라고 말하며 역신을 떠나보냈다.

4) 역신을 물리친 힘 찾기

장군님은 처음에는 상징적 힘을 사용하지 못하고 물리적 힘으로만 역신을 물리치려고 하였다. 장군님은 6개월 전에 유방암 수술을 했고 생각보다 빠르게 회복하고 있다며 자신의 체력에 관한 이야기를 여러 번 언급하였다. 또한 직업을 포함한 일상생활에도 빠르게 복귀하였다고 하였다. 장군님의 물리적이고 실제적인 힘은 장군님이 질병을 극복하고 달라진 생활에 적응하는 데 큰 힘이 되었다.

하지만 역신의 위협에 두려움을 느끼기도 전에 빠르게 물리적으로 대응하는 모습은 역신(질병)이 내 몸과 인생에 미치고 있는 영향을 돌아보지 않으려는 모습으로 보이기도 했다. 그래서 물리적인 대응만으로 역신이 물러가지 않았을 때 장군님은 당황하여 멈칫하는 모습을 보였다.

그런데 신적인 존재이자 아버지인 동해 용왕(현자님)의 손을 잡고 나서 장군님은 확신을 얻은 듯이 싱잉볼 소리의 영적인 힘, 천의 색깔로 표현한 상징의 힘을 자유롭게 사용하기 시작하였다. 장군님은 처용무를 추면서 신라 땅을 밝혔고 아내와 사랑의 춤을 추었으며 동해 용왕의 손을 잡고 역신을 물리쳤다. 이러한 움직임은 빛의 천, 사랑의 천, 바다의 천에 상징적으로 담겼다.

처용의 역할 경험을 통해 장군님은 자신에게 물리적이고 실제적인 힘뿐만 아니라 영적이고 상징적인 내면의 힘도 있다는 것을 스스로 자각하고 이를 활용하였다.

동해 용왕이었던 현자님은 신적인 존재로서 이 모든 연극을 지켜보면서 역신이 초자연적인 존재가 아니라 사랑을 갈구하는 인간적인 존재로 보였다고 하였다. 그래서 안쓰러운 마음이 생겼고, 역신이 이 세상에서 해야 하는 역할이 있고 그 역할을 할 수 있는 곳으로 가기를 바란다고 하였다.

현자님의 질병에 대한 해석은 놀라웠다. 뇌졸중 후유증으로 아직 고생하면서도 '질병이 해야 하는 역할이 있다'는 태도를 보여 주었기 때문이다. 현자님의 나이와 이력을 고려한다고 해도 매우 대범한 대응이라는 생각이 들었다. 이는 질병의 존재를 인정하고 수용하는 우리 선조의 모습처럼 보였다.

질병을 극복하는 과정에서 깊은 내면의 성숙함을 보여 주는 환자들을 종종 만난다. 질병이라는 인생의 큰 관문 앞에서 삶을 더욱 깊이 만나게 된 이들이다. 어쩌면 내가 질병을 바라보는 시각은 인생의 숱한 문제에 대처하는 나의 태도를 보여 주는 단적인 예인지도 모른다.

그런 의미에서 장군님에게 질병은 빨리 극복하고 회복해야 하는 삶의 과제였고, 이는 다시 사회로 복귀하여 건강한 사회 구성원으로 살아가고 싶은 장군님의 바람을 나타냈다. 또한 현자님에게 질병은 질병에 걸린 사람에게 다양한 삶의 의미로 방문하는 손님이었다. 현자님은 투병 이후에 삶의 방식이 많이 달라졌다. 질병이 인생의 전환점이 되어 새로운 삶의 방식을 가져왔다. 현자님이 질병을 하나의 인격체처럼 대하는 것은 이 새로운 방식을 편안하고 유연하게 받아들이기 위한 노력으로 보이기도 했다.

이처럼 질병과 자신의 관계는 각자에게 다를 수 있다. 그런데 역신(질병)에 대해 어떻게 해석하고 받아들이든 간에 우리에게는 각자의 방식으로 역신을 물리치는 힘이 있다. 이 힘은 〈처용 설화〉 즉흥극에서 나타나듯이 물리적이고 실제적인 힘, 정신적이고 상징적인 힘, 보다 초월적이고 근원적인 힘에 이른다. 그 힘을 바탕으로 우리는 자신에게 찾아온 역신(질병)과 새로운 관계를 맺어 갈 수 있다.

5) 나의 처용 가면

처용 연극을 마치고 역신을 물리친 처용의 힘을 도화지 가면에 그려 보기로 했다. 장군님은 빈 가면을 붉은색과 검은색으로 열심히 칠했고, 더 꼼꼼하고 단단하게 칠하고 싶다고 했다. 가면을 만들면서 "나는 원래 악바리처럼 살지 않았는데 다양한 경험과 환경을 통해 이제는 나도 악바리처럼 열심히 산다."라고 말했다. 또한 완성된 자기 가면에 대한 집단 구성원의 피드백을 들으

역신과 처용의 가면

장군, 현자, 아내의 처용 가면

면서 "처용 가면의 단단한 힘이 느껴져서 좋다."라고 하였다.

현자님은 "가면을 더 마음에 들게 만들고 싶은데 마음처럼 손이 잘 움직이지 않는다."라고 하면서 계속 수정하였다. 가면이 마음에 들지 않는 것처럼 보였으나 완성된 가면을 쓰고 대사를 해 보도록 권했을 때 가면에 담긴 처용의 힘이 드러났다. 현자님은 가면을 쓰고 센터 공간의 고래 포스터, 로봇 청소기 등을 보며 "너희들이 다 내 친구 같다."라고 하였다. 손주를 데리고 인근 축사의 소를 보여 주러 가기도 하는데 그들에게도 똑같이 말한다고 하였다.

현자님이 가면을 쓰고 대사하는 모습을 보고 장군님은 "슬픔이 느껴진다."라고 말하였다. 처음에 현자님의 가면이 약간 난해하게 느껴졌는데 가면을 쓰고 움직이는 모습을 보니 가면의 형태가 눈에 잘 들어오고 마음이 아프다고 피드백하였다. 이러한 장군님의 공감에 현자님은 고마움을 표현하였다.

가면을 쓰고 독백하는 현자님

6) 역신을 물리친 힘 흡수하기

〈처용 설화〉 즉흥극에서 처용(장군님)과 동해 용왕(현자님), 아내는 역신을 물리치는 다양한 치유적 힘을 발견하였다. 옛 신라 시대에 그랬던 것처럼 우리도 역신을 물리쳤던 처용의 힘을 처용 형상 가면에 담아서 자신의 것으로 수용하고자 하였다.

장군님은 질병을 이겨 내는 과정을 통해 더욱 단단해진 자신의 힘을 실감하며 가면에도 그 힘을 담으려고 노력하였다. 힘을 주어 가면을 강렬한 색으로 채우는 행위를 통해 질병을 단단하게 이겨 내고 싶은 마음을 처용 가면에 담았다. 그리고 가면에 담긴 처용의 힘을 다른 참여자들이 인정해 줌으로써 자기 내면의 힘을 더욱 믿을 수 있었다.

현자님은 마음만큼 처용 가면을 아름답게 꾸밀 수 없어 속상해하는 모습을 보였다. 하지만 완성된 가면을 얼굴에 쓰고 만물과 연결된 신적 존재를 연기하면서 가면을 맘에 들어 하였다. 현자님은 뇌졸중을 앓고 난 후에 회복 과정에서 어린 손자, 주변의 동물, 물건에 이르기까지 모든 대상에게 연민과 애정을 갖게 되었다. 우리는 현자님의 가면 연기를 통해서 그 마음을 더욱 잘 느낄 수 있었다.

우리는 가면을 만드는 내내, 가면을 바라보며, 가면을 쓰고 연기하면서 질병을 극복하고 난 뒤에 어떠한 변화가 있었는지 많은 이야기를 나누었다. 장군님과 현자님은 이 가면을 집으로 가져갔다. 나는 이들이 그 가면을 가끔 바라보며 질병과 자신의 관계, 역신을

더 단단해진 나, 모든 존재와 연결된 나

물리치는 상징적이고 치유적인 힘에 관해 떠올리기를 바란다.

우리는 몸과 마음 풀기 단계에서부터 처용이 되어 온몸으로 처용의 삶을 살아 보았다. 역신에게 대응하는 처용의 모습을 연기하고 역신을 물리친 몸과 마음의 힘을 찾아 의식(ritual)의 형태로 역신을 봉인하였다. 또한 역신을 물리쳤던 처용의 힘을 가면에 표현해 보고 이 가면을 바라보고 함께 대화하며 가면을 쓰고 연기하기도 하였다.

처용의 힘을 몸으로 흡수한 과정을 살펴보면, 먼저 '나의 처용무'를 추면서 몸의 감각을 깨웠고 처용의 삶을 몸으로 경험하면서 처용 역할에 담긴 감정, 생각, 관계, 신념 등을 느꼈다.

이때 장군님은 자신만의 고유한 처용을 연기하였다. 처용을 연기하는, 남들과는 다른 몸의 표현에서 질병에서 회복할 수 있었던 장군님만의 고유한 치유적 힘이 드러났다. 그리고 함께 작업했던 현자님의 도움으로 정신적이고 영적인 치유의 힘도 새롭게 경험하면서 처용, 동해 용왕, 아내는 힘을 모아 역신을 봉인할 수 있었다.

그리고 이들은 처용 가면을 만들면서 질병에서 회복한 경험이 '나를 더 단단하게 만든 경험' '모든 존재와 연결되어 있음을 깨닫게 만든 경험'이라는 것도 알았다. 이는 질병에서 살아남아 회복하고 있는 이들이 본래부터 갖고 있던 힘의 성격을 말해 준다. 회복의 근원이 되는 치유의 힘을 이들은 〈처용 설화〉에 기반한 연극치료 작업을 통해 재발견하였고 몸으로 다시 흡수하였다. 앞으로도 꾸준한 회복 과정을 거치며 새로운 인생을 살아갈 이들에게 오늘의 경험이 좋은 자원이 되었으면 한다.

제 10장

질병을 넘어서: 전체 인생 돌아보기

이 작업은 투병을 포함한 내 인생의 중요 사건을 입체적인 인생 그래프 위에 기념비처럼 세워 보는 연극치료 작업이다. 일상적인 사건에서부터 확장하여 인생 그래프를 그리고 이를 입체적으로 꾸미며 중요 사건의 의미를 온몸으로 느껴 본다. 이 장에서는 프로그램의 원리와 개요, 참여자 소개, 실제 작업 내용, 분석에 이르기까지 작업이 이루어진 과정과 참여자가 무엇을 느끼고 경험했는지를 상세히 서술하였다. 이 작업은 상상을 통해서도 경험해 볼 수 있는 연극치료 작업으로, 이 내용을 참고하여 투병, 회복, 그 이후의 일상이 내 인생 전체에서 어떠한 의미를 갖는지 스스로 발견할 수 있기를 바란다.

1 일상 사건, 인생 사건

'내 삶의 기념비 세우기'는 개인 기념일을 돌아보는 프로그램이다. 개인 기념일이란 평생의 사건 중에서 현재까지 내게 영향을 미치는 중요 사건을 의미한다. 대체로 탄생, 학교 입학, 연애, 결혼, 출산, 육아 및 질병, 사별 등을 포함한다. 인생의 통과 의례 사건이다. 이들은 현재의 가치관 형성에 결정적인 영향을 미친 사건들이며 미래에도 영향을 미칠 가능성이 크다.

그런데 이 사건들의 의미, 가치, 숨은 패턴, 에너지가 현재에도 영향을 미친다면, 최근 나의 일상에서 일어난 인상적인 사건도 이 사건들과 비슷한 맥락일 수 있다. 하나의 사건은 전체의 맥락 속에서 일어나기 때문이다.

그래서 이 프로그램은 현재 내 일상에서 일어나는 사건에 인생 전체의 주제, 감정, 패턴 등이 드러난다고 가정한다. 이러한 가정하에 일상 사건을 재생 연극 형식으로 먼저 공연하고 인생 사건을 퍼포먼스 형식으로 경험한다. 이 퍼포먼스는 입체적인 인생 그래프를 걸으면서 지나온 인생의 기념비를 세우는 개념으로 진행한다. 마지막으로, 일상 사건 공연과 인생 기념비 퍼포먼스를 비교하면서 내 인생의 주요 핵심 주제, 감정, 패턴을 발견하도록 한다.

　　병에 걸린 경험, 투병 생활과 회복 과정, 그 이후 달라진 인생의 모습은 인생 전체에 영향을 미치는 사건이다. 하지만 전체 인생을 돌아보면 병에 걸린 경험도 인생의 일부분이며, 때로는 가족, 연인, 가까운 친구와의 관계, 어린 시절의 경험, 경제적 상황, 자아 정체성에 대한 고민 등이 현재에 더 큰 영향력을 미치고 있었다. 특히 투병 이후 회복 과정에 있는 참여자는 병에 걸린 경험보다는 그 이후 미래에 대해 더욱 관심을 보이는 경우가 많았다. 이들은 병에 걸린 경험이 전체 인생의 일부분에 불과함을 알고 있었고, 지금까지와는 다른 인생을 살고자 하는 강한 열망을 보여 주었다. 참여자는 이 프로그램을 통해 자신의 일상 사건, 인생 사건을 통합적으로 조망할 수 있다. 그리고 삶을 전체적으로 바라보며 잘 살고 싶은 내면의 욕구, 인생을 새롭게 살아가기 위한 내면의 자원도 스스로 발견할 수 있다.

'전체 인생 돌아보기' 작업을 함께했던 참여자

1) 실습 프로그램 소개

인생 그래프 작업 '전체 인생 돌아보기'

• **목표**
1) 일상 사건과 인생 사건의 연관성을 파악한다.
2) 전체 인생을 바라보는 관점에서 질병 사건을 이해한다.
3) 인생의 사건들에서 회복의 힘을 발견한다.

- 1단계: 몸과 마음 풀기(warm-up)
일상 사건 재현
최근 자신에게 있었던 인상적인 사건, 영향을 미치는 사건을 떠올려 본다.
공연자가 일상 사건을 재생 연극의 형식으로 보여 준다. 재생 연극이란 조
나단 폭스(Jonathan Fox)가 만든 공연 형식으로, 공연장에서 컨덕터(진행
자)가 불특정 관객을 초청하고 이 관객은 화자(말하는 사람)가 된다. 관객이
자신의 이야기를 들려주면 무대 위의 배우들은 상징적인 몸짓 언어와 즉흥
음악, 천과 네모 상자와 같은 간단한 소품 등으로 화자의 이야기를 표현한
다. 이때 상징적인 몸짓 언어로 일상 사건을 재경험하면서 사건의 핵심에
명료하고 깊이 있게 접근할 수 있다.
재생 연극을 경험해 보지 못한 참여자일지라도 치료사와 함께 사건을 잘 표
현할 수 있는 상징적인 몸짓 언어, 소품, 소리 등을 찾아가며 공연할 수 있다.
혹은 참여자(화자)의 이야기를 토대로 치료사가 재생 연극 형식으로 표현하
고 참여자가 이를 모방하는 형태로도 사건의 핵심을 충분히 경험할 수 있다.

- 2단계: 인생 그래프 몸으로 경험하기
과거 인생 그래프
먼저, 자신의 과거 인생을 그래프 형식으로 종이에 그린다. 이를 종이테이
프를 사용해서 바닥에 입체적으로 표현한다. 공간 전체를 크게 활용하고

〈계속〉

표현하면서 내 인생의 부피감을 몸으로 체감한다.

인생 기념비

자신의 인생 그래프를 다양한 걸음걸이로 걸어 봄으로써 인생 여정에 관해
직관적으로 접근할 수 있다. 그래프 위를 걸어가다가 인생의 중요 사건마
다 머물러 자신만의 '기념비'를 세운다. 이때의 '기념비'란 인생의 중요 사
건을 기념하기 위해 천, 종이테이프 등의 재료를 이용해 만드는 오브제다.
이를 인생 그래프 위에 올려놓는다.

기념비를 세우고 인생 그래프를 다시 걸어 봄으로써 어떤 기념비를 계속 가
져가고 싶은지, 어떤 것은 버려도 되는지 나누며 그 의미를 돌아본다. 현재에
이르러서 미래에 가져가고 싶은 기념비(오브제)를 몸에 두고 그 상징적 힘
을 느껴 본다.

- 3단계: 인생의 의미 찾기

일상 사건, 인생 사건의 공통점

현재 일상에 영향을 미치는 사건과 인생의 중요 사건 간의 공통점을 찾아
본다. 이때 인생 전체를 관통하는 가치관 등을 깨닫고 질병에서 회복할 수
있었던 치유의 힘도 발견한다. 또한 인생을 재해석하면서 미처 깨닫지 못
했던 인생의 소중함과 나의 강점을 발견할 수 있다.

미래 인생 그래프

내가 찾은 가치관, 내 삶의 근원적 요소, 치유의 힘을 바탕으로 미래 인생
그래프를 다시 그려 본다. 미래가 우리의 바람대로만 이루어지는 것은 아
니지만, 이 그래프 그리기를 통해 미래를 살아갈 때 어떻게 살아야 하는지
방향성을 알 수 있다.

- 4단계: 전체 소감 및 내가 느끼고 경험한 것 나누기

함께했던 참여자와 몸과 마음 풀기 단계에서부터 무엇을 느끼고 경험하였
는지 나눈다. 스스로 치유적 힘을 찾지 못했다면 함께 그 힘을 찾아볼 수도

〈계속〉

있다. 오늘의 작업에서 찾고 경험한 치유적 힘을 일상에서 어떻게 활용할 수 있는지 나눈다.

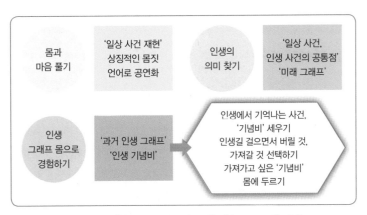

[그림 10-1] '전체 인생 돌아보기' 실습 프로그램 요약

　　연극치료의 또 다른 강점은 추상적인 개념의 상징적 구체화라고 할 수 있다. '인생'이라는 추상적 내용을 '길'이라는 구체적 형태로 표현하고 몸을 활용해 실제로 걸어 본다. 그러면서 내 몸과 마음에 흔적을 만든 인생의 기억을 발견할 수 있다.

　　또한 눈에 보이는 형태로 인생의 주요 사건을 기념하면서 그것이 가진 의미와 힘을 내면화할 수 있다. 이러한 내면화 과정에서 어떤 의미와 힘은 인생의 마지막까지 함께 갈 조력 자원이지만, 어떤 의미와 힘은 더 이상 내게 조력 자원이 되지 못할 수 있다. 회복기의 환자가 새롭게 인생의 의미를 발견해 가는 과정에서 조력 자원 탐색과 내면화는 큰 힘이 될 수 있다.

2 꽃과 낙엽이 함께하는 나의 인생

1) 참여자 소개

- 사랑님은 40대 여성이다. 30대 중반에 허리 디스크가 터져서 편마비 증세가 있었다. 현재에도 남들은 모르지만, 본인은 미세하게 느껴진다고 하였다. 작년에 자궁 경부암 판정을 받았고 자궁을 제거하였다. 이후 방광염 증세가 있었고 생리통 등이 사라져 여성 집단에서 나누는 관련 대화에서 소외되고 사람들이 자신을 눈치 보는 것이 불편하다고 하였다. 투병하는 동안 가까운 지인의 죽음도 함께 경험하면서 감정적 동요가 심했다고 했다. 하지만 감정적 동요와는 다르게 미술 등 해 보고 싶은 일에 대한 소녀 같은 기대가 있었고 일상생활도 열심히 살고 있다.

2) 일상 사건 재현하기

(1) 현재 영향을 미치는 사건 찾기

사랑님은 지역 복지관에서 운영 업무를 맡고 있다. 복지관에서 자원봉사부터 시작하였고 복지관에 대한 애정이 컸기에 처음에는 근무에 대한 기대가 컸다. 하지만 타 복지관에서 파견 근무를 온 직원들과 갈등을 겪기 시작하였다. 직원들은 지각을 일삼으며 운영 시간을 제대로 지키지 않아 복지관 이용자들의 불편을 초래했고 사랑님은 이용자의 항의를 받았다. 책임자로서 한마디 해도 직원들의 태도는 달라지지 않았고, 그렇게 사랑님은 복지관 운영에 회의감이 들기 시작했다.

(2) 현재 사건 재생 연극

사랑님의 이야기를 함께 논의하며 즉흥으로 극화하였다. 사랑님은 의자에 천을 두르고 천으로 의자를 닦으면서 "내 복지관. 잘 가꾸어야지."라고 말하였다. 극이 진행되면서 붉은색 종이테이프를 4면에 붙였다. 종이테이프를 두르면서 "지각하지 마세요." "점심시간 지키세요." 등의 대사를 하였다. 마지막에 사랑님은 의자 위의 천을 밑으로 당기며 "다들 내 맘 같지 않네. 이제는 이 일을 안 하고 싶다."라고 말하고 의자의 천을 아예 무대 밖으로 던져 버리며 "이젠 좋지 않아."라고 말하였다. 사랑님은 처음 복지관(의자)을 닦을 때의 설렘과 마지막에 식어 버린 마음의 표현이 가장 기억에 남는다고 하였다.

3) 과거 인생 그래프 그리기

기억에 남는 중요 사건은 ① 집안의 둘째 딸로 태어난 일, ② 할머니와 같이 살고 있었는데 초등학교 1학년 때 어머니가 데려간 일, ③ 초등학교 운동장에서 초등학교 친구들과 축구하며 재밌게 지냈던 일, ④ 대학 가서 연애도 하며 즐거웠던 일, ⑤ 졸업 이후에 연인과 헤어지고 취업 준비를 혼자 하며 힘들었던 일, ⑥ 결혼하여 아이가 2명 태어난 일, ⑦ 허리 디스크가 터진 일, ⑧ 투병 이후에 회복하고 있는 현재를 골랐다. 이어서 종이에 그린 인생 그래프를 공간에 입체화하는 작업을 하였다. 사랑님은 입체화 작업을 즐거워하며 공간에 색색의 종이테이프를 붙였다. 종이에 그린 그래프와 똑같은 색상과 높낮이로 표현하였다.

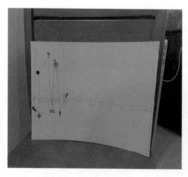 

4) 인생 기념비 세우기

(1) 인생의 사건 입체적으로 표현하기

중요 사건마다 천과 종이테이프를 사용하여 오브제를 만들어 기념비를 세웠다. ① 둘째 딸로 태어난 일은 검은색 천으로 번개 모양을 만들었다. ② 할머니와의 이별은 파란색 천 위에 붉은 천을 두었다. ③ 축구하며 놀았던 일은 별무늬가 박혀 있는 검은 샤 소재 천을 둘둘 말아 축구공 모양으로 만들었다. ④ 연애했던 일은 분홍 하트로 만들었다. ⑤ 취직 준비하며 힘들었던 일은 흰색 무늬 천 위에 흰색 레이스 천을 두었다. ⑥ 아이가 태어난 일은 흰색 천을 바닥에 깔고 그 위에 분홍색 천으로 만든 2개의 천사 모양 인형을 두었다. ⑦ 허리 디스크가 터진 일은 갈색 꽃무늬 천을 주사기 모양으로 두었다. ⑧ 현재는 빛 무늬가 들어간 노란 천과 두꺼운 갈색 천을 붙여 놓았다.

(2) 미래에 가져가고 싶은 것과 두고 가고 싶은 것 찾기

사랑님이 직접 인생 그래프 길을 걸으면서 기념비 오브제를
만나 그 사건 속의 자기 자신에게 말을 건넸고 미래에 가져가고
싶은 것과 두고 가고 싶은 것을 분별했다.

① '둘째 딸'에게 "네가 뭐든 독립적으로 해야 해서 힘들었지?
   하지만 그게 너의 힘이 되었잖아."라고 말하며 위로하고 오
   브제는 그 자리에 두었다.
② '이별'에게 "그때는 슬펐지만 어머니가 데려가지 않았으면
   더 속상했을 거야. 딱 1년 살아서 할머니가 더 좋았는지도
   몰라."라고 말하며 할머니와 어머니의 사랑이 담긴 오브제
   는 미래로 가져간다고 했다.
③ '축구'에게 "초등학교 친구들과 운동장에서 축구하고 놀면
   서 정말 재밌었지?"라고 말하며 웃었고 이 오브제를 미래에

가져가겠다고 했다.

④ '연애'에게 "대학생 때가 너의 전성기였지? 처음 연애도 해
　보고. 즐거웠어."라고 말하며 그 순간에 아름다운 추억을
　두고 간다고 했다.

⑤ '취업 준비'에게 "누구나 겪는 시기이고 이 시기에도 함께
　고생하는 친구가 있어 위안이 됐고 지금도 절친이 되어서
　잘 지내잖아."라고 말하며 위로했고 오브제는 그 자리에 두
　었다.

⑥ '아이들'에게 "나의 천사들. 너희는 당연히 내게 와야지."라
　고 말하며 오브제를 품에 안아 가져간다고 했다.

⑦ '허리 디스크'에게 "네 덕분에 가족만 돌보는 게 아니라 나
　자신부터 돌보게 되었지. 그리고 남편도 아이도 내 생각보
　다 더 독립적으로 잘 해냈어. 나 없으면 안 되는 줄 알았는
　데. 그러니 괜찮아. 또 이겨 낼 수 있어."라고 말하며 그 오

브제를 한참 위로했고 그 자리에 두고 간다고 했다.

⑧ '현재'에게 "조금씩 회복해 가고 있지? 언제든 양면이야. 앞으
로도 괜찮을 거야."라고 말하며 오브제는 두고 간다고 했다.

(3) 미래로 가져가고 싶은 것 몸에 두르기

어머니와 할머니의 사랑을 은유하는 하늘색 천과 붉은색 천은
머리에 보자기처럼 썼다. 친구들과의 우정을 은유하는 별무늬
검은색 천은 배에 둘렀다. 아이들에 대한 사랑을 은유하는 분홍
색 인형은 가슴에 안았다. 그 자리에 가만히 앉아 사랑님은 할머
니의 사랑, 친구들의 우정, 아이들에 대한 사랑이 주는 따뜻함과
안정감을 깊이 느꼈다.

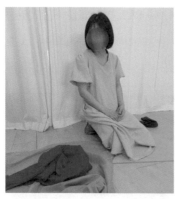

5) 일상 사건, 인생 사건의 공통점 찾기

현재 영향을 미치는 사건을 공연하며 느꼈던 점, 기념비 사건

을 만나면서 했던 대사들, 미래로 가져가고 싶어 했던 힘, 그 힘
을 몸에 두르고 느꼈던 감정에 대해 나누며 이들의 공통점을 찾
아보았다. 사랑님은 공통점으로 '감정'을 찾았다. 한편 치료사는
사랑님의 일상과 인생 사건에는 늘 '사람들' '관계'가 등장한다고
말하며 할머니와 어머니에게 받은 사랑, 초등학교 친구들과의
우정, 아이들에 대한 사랑이 사랑님의 가장 큰 치유 자원일 것이
라고 하였다.

6) 미래 그래프 그리기

  사랑님이 과거 그래프에 이어서 그린 미래 그래프에서는 과
거, 현재 그래프에 비해 위아래 변화가 적었다. 그래프를 그리면
서 감정 기복은 줄어들었으면 좋겠다고 말했다. 미래 그래프에
서 80세를 기점으로 80세 이전은 남편, 아이들과 함께 전원주택

에 사는 모습을 그렸다. 80세 이후는 자녀들의 가족, 언니네 가족 등과 함께 캠핑하는 모습을 그렸다. 나이가 들수록 가족 규모가 더 확장되었다.

3 인생의 굴곡 넘어, 사랑은 그대로

　사랑님이 처음 자신의 질병에 대해 말할 때는 현재 질병으로
인한 불편함과 미래에 대한 불안, 가까운 사람의 죽음에 대한 슬
픔까지 다양한 감정을 토로했었다. 하지만 인생 그래프를 그리
고 인생 그래프 길에서 기념비 사건을 만났을 때, 사랑님은 인생
의 사건들은 양면성을 지니고 있다는 것을 이미 알고 있었다. 힘
들었던 일도 시간이 지나면 그 사건을 극복할 수 있게 해 준 힘과
새로운 생의 의미를 알게 해 주기 때문에 버리거나 부정해야 하
는 사건은 없다고 말하였다.

　그리고 일관되게 부모님께 받았던 사랑, 친구들과의 우정, 내
가 자식에게 주는 사랑을 미래에도 가져가고 싶은 힘이라고 말하
였다. 사랑님에게 질병의 남은 흔적은 여전히 일상을 불편하게
만드는 요소다. 하지만 질병 자체보다 더 불편한 것은 그에 수반
되는 감정적 반응이며 사람들과의 관계였다. 그것이 일상 사건에
서도 고스란히 드러났다. 함께 일하는 동료와의 관계, 이용자와
의 관계가 어려워지면 일에 대한 애정도 식는다.

　그래서 사랑님에게 대인 관계에서 오는 다양한 감정을 잘 분
별하고 조절하고 수용하는 것은 중요한 인생의 과제다. 동시에
사랑님의 치유 자원은 사람들과 주고받는 사랑이다. 사랑님의

질병에는 다양한 원인이 있을 것이다. 그 질병의 의미를 잘 들여다보고 직면하여 문제가 되는 심층적 원인을 제거하는 일도 중요하다.

하지만 그에 앞서 스스로에게 가장 중요한 것, 가장 힘이 되는 것이 무엇인가를 아는 것이 필요하다. 내면의 치유 자원, 내가 잘 살아갈 수 있도록 돕는 내면의 힘을 만나고 내 인생 전체를 돌아보는 것이 필요하다. 인생은 언제나 통합적이며 유기적이다. 우리는 질병과 죽음을 넘어 삶 전체에서 질병과 죽음의 의미를 해석해야 한다.

참여자들과의 연극치료 작업에서 다시 한번 우리 몸에는 우리의 인생이 새겨져 있다는 것을 확인하였다. 질병은 유전적 · 선천적 요인으로 유발되기도 하지만 환경적 · 심리적 요인으로 유발되기도 한다. 또한 부모로부터 물려받은 유산이면서 내가 하루하루 살아온 삶의 과정을 압축하여 형상화한 입체적 상징이기도 하다.

처용을 괴롭혔던 역신은 질병 자체이지만 동시에 사랑하는 사람과의 단절로 인한 깊은 두려움, 쉽게 용서할 수 없는 억울한 불행이기도 하다. 한편 이전보다 더욱 단단하게 살아가야 한다는 메시지를 주는 전령이고 종국에는 받아들여야 하는 삶의 양면이기도 하다.

그래서 참여자들 누구도 질병을 해결해야 할 단순한 문제로만 여기지 않았다. 질병과 내 삶의 연관성을 찾고 질병을 이겨 내고 회복할 수 있었던 힘을 찾는 작업을 하면서 참여자들은 질병보다 더 큰 삶의 의미를 발견했다.

참여자들은 이미 질병을 극복하기 위해 이러한 내면 작업을 꾸준히 지속해 왔다. 그리고 연극치료 작업을 통해 그것을 밖으로 끄집어내어 다시 확인하였다. 이 내면 작업을 온몸으로 경험하여 새로운 삶의 의미를 체득한 참여자들에게 위로를 건넨다. 이제부터는 남보다 더 큰 몫의 행복이 분명히 당신을 기다리고 있을 것이다.

> 사람이면 누구나 다 메고 다니는 운명 자루가 있고
> 그 속에는 저마다 각기 똑같은 수의 검은 돌과 흰 돌이 들어 있다더구나.
> 검은 돌은 불운, 흰 돌은 행운을 상징하는데
> 우리가 살아가는 일은 이 돌들을 하나씩 꺼내는 과정이란다.
> 아마 너는 네 운명 자루에서 검은 돌을 몇 개 먼저 꺼낸 모양이다.
> 그러니 이제부터는 남보다 더 큰 네 몫의 행복이
> 분명히 너를 기다리고 있을 것이다.
>
> 『살아온 기적, 살아갈 기적』 중에서,
> 장영희

에필로그

지금까지 나와 어머니, 투병 이후 회복기 참여자들의 사례를 살펴보고 몸을 통해 마음을 돌보는 연극치료의 치유 원리에 관해 알아보았다. 우리 모두에게는 몸을 통해 만날 수 있고 변형할 수 있는 마음의 세계와 외부 세계가 있다. 몸으로 시작하여 몸으로 완결한 성장과 변화의 과정을 '몸과 마음의 치유 여정'이라고 부를 수 있는데, 이는 다음과 같은 단계로 이루어진다.

첫 번째 단계는 '내 몸이 지금, 이 공간에 존재함을 자각하는 것'이다.

두 번째 단계는 '내 몸이 내 인생을 담고 있는 나 자신인 것을 깨닫고 잘 돌보는 것'이다.

세 번째 단계는 '새롭게 살아가는 방식을 통해 몸을 변형하는 것' 혹은 '몸의 변형을 통해 새로운 삶의 방식을 연습하는 것'이다.

네 번째 단계는 '달라진 몸의 자세, 표정, 눈빛, 태도로 타인과 만나는 것'이다.

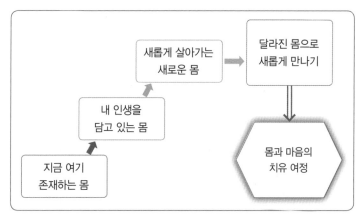

몸과 마음의 치유 여정

이 몸과 마음의 치유 여정에서 마지막 단계는 '달라진 몸의 자세, 표정, 눈빛, 태도로 타인과 만나는 것'이라고 했다. 다시 말하자면 이렇다. 나의 몸과 마음을 돌보기 시작할 때 사람은 진정으로 자신을 사랑할 수 있다. 그리고 자신을 사랑할 수 있을 때 타인도 진정으로 사랑할 수 있다. 자기 자신, 타인, 세상으로부터 단절되어 있던 참여자는 자기 자신과 연결되고 다른 사람과 연결되면서 안정을 되찾는다.

내가 집단 구성원들과 몸을 부딪치면서 경험했던 것, 어머니와 우리 가족이 함께 노력했던 것, 참여자들이 연극을 하며 서로 영향을 주고받은 것, 내 인생에 항상 사랑이 있었음을 깨닫는 것처럼 우리는 다른 사람과 서로 영향을 주고받고, 무엇보다 사랑을 주고받으며 다시 연결된다.

몸으로 시작해서 몸으로 완결한 성장과 변화의 과정은 나로 시작해서 우리와 연결되고 세상으로 나아가는 사랑의 과정과도 닿아 있다. 나를 사랑하는 것이 곧 남을 사랑할 수 있는 기반이 된다. 그리고 '나 사랑'의 첫 번째는 언제나 몸과 마음을 함께 돌보는 것이다.

몇 년이 지난 후에도 어머니가 감격스럽게 회고하는 일이 한 가지 있다. '내 몸을 사랑하자'라고 써서 내가 어머니의 화장대 거울 앞에 붙여 놓았던 포스트잇이다. 그 색바랜 하트 모양 포스트잇이 몇 년이 지나도록 붙어 있었다. 어머니는 그 말을 읽으면서 울컥할 때도 있고 마음이 따뜻할 때도 있었다고 하였다. 아주 단순하고 쉬운 일이다. 무엇보다 나를 위하는 일이다. 펜을 들어서 나를 위한 주문을 쓰자. 나 자신에게 "너를 정말 사랑하고 있어."라고 말해 주자. 어쩌면 한 번도 자기 자신에게 그렇게 말하지 않았음을 알게 될지도 모른다. 반드시 손으로 써서 입 밖으로 뱉어 말해 주자. 그리고 몸에 대한, 자기 자신에 대한 그 말, 그 마음, 그 사랑을 잊지 않기를 바란다.

참고문헌

김선영(2017). 암 생존자의 일상생활 복귀 경험에 관한 연구. 카톨릭대학교 박사학위논문.

김지선, 허일웅(2010). 전통 양생 무예 선술의 실버 스포츠적 가치: 동의보감 양생법을 중심으로. 대한무도학회지, 12(2), 1-14.

김채희, 조옥경, 김영란(2005). 요가자세법, 호흡법 수련과 신체심리치료의 비교연구. 상담학연구, 6(4), 1383-1401.

메디포뉴스(2019. 3. 13.). 부산대학교병원 부산지역암센터, 암 생존자 통합지지센터 지정. https://www.medifonews.com/news/article.html?no=144637

박미리(2009). 발달장애 연극치료. 학지사.

박미리(2013). 감정 모델 연극치료. 학지사.

박미리(2018). 연극적 몸의 자기 인식 기여에 관한 고찰. 연극예술치료연구, 9.

백소미(2023). 양극성 장애 회복을 위한 마음챙김 적용 연극치료: 20대 여성 개인 사례를 중심으로. 연극예술치료연구, 18, 44-73.

신동훈(2023). 신화, 치유, 인간. 아카넷.

원상화(2005). 신체중심 심리치료의 발전과정에 관한 연구. 대한무용학회지, 44, 97-116.

이계창(2023). 요가 동작의 치유적 효과와 연극치료의 적용에 관한 고
찰. 연극예술치료연구, 18.

이동엽(2013). 미세표정에 의한 감성인식과 표현에 관한 연구: 애니메
이션 속 가상 캐릭터를 중심으로. 상명대학교 박사학위논문.

이선형(2011). 연극치료와 몸 드라마연구. 연극치료와 몸 드라마연구,
35.

이선형(2017). 연극치료와 중독. 연극예술치료연구, 7.

이희인(2021). 암환자 대상 예술치유 프로그램 효과 연구: 경희대학교
후마니타스암병원 '온라인 연극예술치유' 프로그램을 대상으로.
교육문화연구, 27(2).

장영희(2019). 살아온 기적 살아갈 기적. 샘터사.

정소라(2019). 회심체험과 연극치료의 비교연구. 용인대학교 석사학위
논문.

정소라(2022). 비대면 연극치료 프로그램 개발에 관한 연구: 『성냥팔이
소녀』 이야기를 중심으로. 연극예술치료연구, 17.

정소라(2022). 비대면 연극치료에서의 몸의 인식과 활용에 관한 연구.
용인대학교 박사학위논문.

함미란(2024). 마음챙김 명상이 암 환자에게 미치는 효과에 관한 국내
문헌 고찰. 차의과학대학교 석사학위논문.

허준(2021). 동의보감. 한국학자료원.

현미자(2023). 주요 우울장애 개인 연극치료 사례 연구: 참여자의 여섯
조각이야기와 몸 인식 변화를 중심으로. 연극예술치료연구, 18.

Falletti, C., Sofia, G., & Jacono, V. (2018). 연극과 인지신경과학
(*Theatre and Cognitive Neuroscience*). (박준헌 역). 도서출판
서훈. (원작은 2018년 출판).

Jennings, S. (2020). 건강한 애착과 신경극 놀이 (*Healthy Attachment*

and Neuro-Dramatic-Play). (이효원, 황대연 공역). 도서출판 울력. (원작은 2011년 출판).

Jones, P. (2005). 드라마와 치료 (Drama as Therapy) (이효원 역). 도서출판 울력. (원작은 1996년 출판).

Keith, J. (2000). 즉흥연기 (IMPRO improvisation and The theater). (이민아 역). (원작은 1979년 출판)

Landy, R. J. (2010) 페르소나와 퍼포먼스: 역할 접근법의 이론과 실제 (Persona and Performance). (이효원 역). 학지사. (원작은 1993년 출판)

Moreno, J. L. (2019). 사이코드라마 제1권 (psychodrama). (손창선, 이옥진 공역). 아카데미아. (원작은 1946년 출판).

Stanislavsky, K. (1999). 역할구성(스타니슬라브스키연기론 2) [La Construction du personnage (Building a Character)]. (김균형 역). 소명출판. (원작은 1949년 출판).

van der Kolk, B. (2016). 몸은 기억한다 (The Body keeps the Score). (제효영 역). 을유문화사. (원작은 2014년 출판).

(사)한국연극치료협회 블로그, 〈연극치료와 제의〉 워크숍. blog.naver.com/Kadt75

국가암정보센터 홈페이지. www.cancer.go.kr/main2.do

문화원형백과. https://terms.naver.com/list.naver?cid=49190&categoryId=49190

한국학중앙연구원. www.aks.ac.kr

찾아보기

인명

F

Fox, J. 167

M

Moreno, J. L. 57

ㄱ

김춘수 54

ㅅ

신동흔 143

ㅈ

장영희 182

내용

4계절 움직임 놀이 72

ㄱ

가면 114

감각 자극 72

개인 기념일 165

거울 놀이 59

공명 56

공명의 장 54
교감 신경계 33
극적 인물 100

ㄴ
나보다 더 큰 나 27
내 삶의 기념비 세우기 165
내적 리듬 26
뇌졸중 148

ㄷ
다양한 걷기 89

ㄹ
리비도 69

ㅁ
마음 챙김 82
몸 챙김 82
몸에 배었다 112
몸의 변형 109
몸의 자세 39
몸의 표현 112

몸의 형태 96
무아경 26
미세 표정 85

ㅂ
배역 창조 98
보디랭귀지 85
복식 호흡 36

ㅅ
상상 115
상징의 힘 155
상징적 구체화 169
상호 간 에너지 역학 24
시너지 효과 87
신체 조각상 92

ㅇ
암 생존자 133
암생존자통합지지센터 134
에너지 균형 43
역동 54
역할 경험 155

역할 공존 41

역할 접근법 98

역할의 힘 113

울화병 35

원초적 몸짓 27

유방암 148

육자기결 35

의식 160

이야기 역할 경험 102

인상 97

인생 그래프 140

ㅈ

자각 50, 67

자궁 경부암 170

자발성 69

자아 정체성 98

재생 연극 165, 167

지금 여기 56, 67

질병신 143

집단의 무의식 102

ㅊ

창작 캐릭터 즉흥극 115

처용 설화 140, 141

치유의 힘 161

치유적 힘 159

ㅌ

텔레 57, 61

통과 의례 165

통합 137

ㅎ

호흡법 33

황홀경 26

저자 소개

정소라(Jeong Sora)

지리산 산골짜기에서 태어나 바다가 보이는 동네에서 유년기를
보내고 경상남도에서 나우세연극치유센터를 운영하고 있습니
다. 용인대학교에서 연극치료학 석사, 예술치료학 박사 학위를
받았으며 서울특별시, 부산광역시, 경상남도 등지에서 사람들을
만나고 있습니다. 연극치료의 힘을 믿으며 앞으로도 많은 이와
치유의 현장에서 살아가려고 합니다.

주요 연구로는「회심체험과 연극치료의 비교 연구」「비대면 연
극치료에서의 몸의 인식과 활용에 관한 연구」「비대면 연극치료
프로그램 개발에 관한 연구」등이 있습니다.

알기 쉬운 연극치료 시리즈 3

연극치료, 몸으로 마음을 돌보다
Dramatherapy for Body-Mind Care

2024년 9월 10일 1판 1쇄 인쇄
2024년 9월 15일 1판 1쇄 발행

지은이 • 정소라
펴낸이 • 김진환
펴낸곳 • ㈜ **학지사**

04031 서울특별시 마포구 양화로 15길 20 마인드월드빌딩
대표전화 • 02-330-5114   팩스 • 02-324-2345
등록번호 • 제313-2006-000265호

홈페이지 • http://www.hakjisa.co.kr
인스타그램 • https://www.instagram.com/hakjisabook

ISBN 978-89-997-3200-3 94180
        978-89-997-3103-7 (set)

정가 16,000원

출판미디어기업 **학지사**

간호보건의학출판 **학지사메디컬** www.hakjisamd.co.kr
심리검사연구소 **인싸이트** www.inpsyt.co.kr
학술논문서비스 **뉴논문** www.newnonmun.com
교육연수원 **카운피아** www.counpia.com
대학교재전자책플랫폼 **캠퍼스북** www.campusbook.co.kr